Devenir

PROFESSIONNEL
DE LA MUSIQUE

Chez le même éditeur

C. Hugonnet, P. Walder, *Prise de son – Stéréophonie et son multicanal*, 2012

C. Rime, *Home studio pour guitaristes et bassistes*, 2011

B. Martinez, *Créer ses partitions avec Finale*, 2011

F. Graziano, *Devenez guitariste*, 2010

D. A. Mary, *Composition et mixage avec GarageBand'09*, 2010

F. Broughton, B. Brewster, *Les bases du DJing*, 2005

F. Rumsey, T. McCormick, *Son & enregistrement*, 2002

P. White, *Le son live*, 2001

Dans la même collection

É. Delamarre, *Profession photographe indépendant*, 3e édition, 2014

O. Ramoul/Pajda, *Profession artiste plasticien*, 2014

J. Moya et É. Delamarre, *Profession graphiste indépendant*, 2e édition, 2012

C. Mahé-Menant, *Profession administrateur de production de films*, 2012

A. Lacouchie, S. Mechta et E. Sourdillat, *Profession iconographe*, 2011

Devenir

PROFESSIONNEL
DE LA MUSIQUE

Bertrand Hellio
Yoan Manesse

EYROLLES

Conception graphique : Nord Compo
Mise en pages : FG Compo

© 2014, Groupe Eyrolles
61, boulevard Saint-Germain
75240 Paris Cedex 05
www.editions-eyrolles.com
ISBN : 978-2-212-13350-9

Sommaire

Préface

« L'art de combiner les sons… » Communément admise, la définition de la musique est commode, mais incomplète. Il y manque la donnée majeure, la matrice de tout bruit, le *silence*. Le peintre Georges Braque eut à ce propos une formule aussi magique et vraie qu'en apparence – mais en apparence seulement – excessive : « La musique donne une forme au silence. »

Querelle de mots, encore et toujours, mais ici pas inutile.

La musique est double, antithétique… Elle impose à ceux qui la pratiquent de sentir, mais préalablement d'apprendre et de comprendre. Elle est une technique, elle est un savoir. Elle est une douleur.

La musique est *culture*, un reflet de la société qui la porte et la crée. Elle est aventure individuelle autant que collective. Elle est aussi nature.

Elle fait vibrer, souffrir, elle éclaire, montre et guide, égare… Elle est d'un mot la vie, et le sens qu'on entend lui donner. Friedrich Nietzsche a magistralement et définitivement rendu tout commentaire superflu sur le sujet et la puissance de mystère qui l'enserre : « La vie sans musique, écrit-il, est tout simplement une erreur, une fatigue, un exil. »

Cet univers complexe de beauté et de création laisse perplexe, et davantage, ceux qui la pratiquent et ceux même qui la font. Il n'est facile pour personne de l'appréhender sereinement.

En connaître les « ficelles », les astuces et les bons chemins n'est pas chose aisée. Il existe cependant des codes, des expériences et des professionnels dédiés : ce manuel vous propose son fil d'Ariane pour appréhender un monde en gestation permanente, en perpétuelle modification.

À chacun de vivre sa musique.

Jack Lang

Introduction

La nébuleuse filière musicale

L'industrie musicale, le secteur musical, le « milieu » de la musique… Cette pléiade de termes souvent utilisés pour définir la filière professionnelle de la musique reflète bien son aspect nébuleux. Nombre de mythes circulent ainsi sur son fonctionnement, très souvent méconnu du grand public et même de certains acteurs du secteur. Les Majors du disque et certains organismes professionnels comme la Sacem sont en effet fréquemment diabolisés, les artistes taxés d'engranger des revenus exorbitants… Une branche finalement synonyme de dérives et d'excès généralisés qui passent d'autant plus difficilement dans une conjoncture économique et sociale délicate…

En réalité, nous sommes souvent très loin de l'imagerie « sexe, drogues et rock'n roll », champagne et paillettes, si souvent relayée par les médias et autres réseaux sociaux. Les artistes peinent de plus en plus à vivre de leur art, le chiffre d'affaires des maisons de disques (divisé par deux en une douzaine d'années) ne représente plus aujourd'hui que l'équivalent d'un hypermarché, et le secteur du *live* commence aussi à souffrir d'une baisse conséquente des subventions publiques, essentielles à sa diversité et à sa survie.

Pourtant, à l'heure de ces profondes mutations, notamment liées à l'avènement des nouvelles technologies, la filière musicale s'adapte, se restructure et finalement se professionnalise progressivement. Il est néanmoins encore difficile d'en cerner précisément les rouages tant elle revêt diverses facettes. Cet ouvrage propose donc un panorama complet du secteur musical et s'adresse tant aux musiciens amateurs qu'aux professionnels (artistes, managers, labels...), étudiants et passionnés de musique.

Les musiques actuelles

Nous nous concentrerons sur le domaine des « musiques actuelles », terme défini en 1998 sous l'égide de Catherine Trautmann, alors ministre de la Culture, par la CNMA (Commission nationale des musiques actuelles), composée de membres représentatifs du secteur professionnel et des collectivités publiques (ministère de la Culture et de la Communication, collectivités territoriales...) et ayant pour but de formuler des propositions pour le développement des différentes formes musicales sur l'ensemble du territoire.

Cette concertation a élaboré une définition précise des musiques actuelles qui « constituent une pluralité de familles musicales, dont l'histoire et les références les rattachent à un socle commun dans lequel elles se reconnaissent. Aujourd'hui, du fait de leur capacité constante de renouvellement et, par conséquent, de l'émergence de multiples formes musicales hybrides, le paysage de ces musiques recèle de formes riches et complexes, qui se manifestent par l'invention continuelle de nouveaux genres et de nouvelles dénominations ».

L'ensemble des acteurs impliqués dans ce secteur a pris l'habitude de regrouper les musiques actuelles en quatre grandes familles qui connaissent de multiples formes de croisement, d'hybridation et de fusion :

- le jazz et les musiques improvisées ;
- les musiques traditionnelles et les musiques du monde ;
- la chanson en tant que genre, même si la forme chantée est commune à une grande partie des familles musicales concernées ;
- les musiques amplifiées, qui utilisent l'amplification électrique comme mode de création, et sont divisées en trois sous-familles :
    - le rock au sens large (blues, pop, fusion, métal, indus, hardcore, punk...) ;
    - les musiques urbaines, c'est-à-dire les musiques issues de la culture hip-hop (rap, RnB, slam) et leurs racines (ska, reggae, ragga, dub, soul, funk...) ;

- les musiques électroniques (house, techno, dance, jungle, drum&bass, trip hop...).

Les musiques actuelles représentent donc toutes les formes musicales hormis les musiques classique et contemporaine (expérimentale), soit près de 95 % du marché de la musique.

Un ouvrage « boîte à outils »

Ce « guide de l'industrie musicale » est donc un ouvrage généraliste présentant une vision globale du secteur. Les différents aspects de la filière musicale seront ainsi abordés autours des thématiques suivantes :

- le *do it yourself* (DIY ou « fais-le toi-même »), pratique en développement regroupant les différentes actions pouvant être directement réalisées par les artistes (autoproduction, autopromotion, autodistribution) et permettant de pratiquer sa passion avec un minimum de professionnalisme ;

- les organismes professionnels (sociétés civiles, fonds de soutien...) dont les missions principales sont de structurer et de soutenir la filière musicale ;

- les dispositifs d'accompagnement, de repérage d'artistes (tremplins, conseils...) et de formation ;

- les partenaires professionnels des artistes, abordés sous l'angle des quatre secteurs d'activité de la musique – management, édition musicale, scène et musique enregistrée –, mais aussi de la filière média, dénominatif commun à chacun de ces acteurs ;

- les mutations actuelles de la filière et les nouveaux business modèles qui semblent se dessiner (stratégies à 360°/diversification des activités, *brand content*/rapport croissant aux marques...).

Cet ouvrage est donc structuré comme une boîte à outils où chacun pourra puiser selon ses besoins et ses envies.

« Nous vendons de la musique, pas des disques. »
– Terry McBride, directeur général et fondateur du Nettwerk Music Group

Vivre de la musique (interview)

Tout artiste ou tout groupe ayant envie de faire ce métier doit avoir la « niaque », une envie absolue, car le chemin est difficile et ingrat. Le talent est une denrée rare, précieuse, qui ne peut se polir qu'avec du temps. Pas d'autre solution que d'avoir le feu sacré, d'être capable de sacrifices et de volonté. Il s'agit d'un métier de courage.

De nos jours, un artiste doit proposer un univers, avoir de l'idée, aller « plus loin », mais aussi et surtout avoir conscience et assumer sa fonction de produit. Il doit donc se poser cette question fondamentale : « Suis-je fait pour cela ? » Ce métier, aussi beau soit-il, peut être aussi d'une violence inouïe. Les difficultés se sont encore accentuées avec le grand paradoxe qu'a créé l'émergence du Web : comment expliquer qu'un artiste puisse bénéficier d'une audience extraordinaire avec des millions de connexions, n'en tirer aucune rentrée financière décente, et être oublié 48 h après ?

Arnaud Delbarre, PDG de l'Olympia Bruno Coquatrix

Chapitre 1

Le *do it yourself* et ses limites

L'autoproduction

On entend par « autoproduction » le fait pour un artiste de se substituer à une structure professionnelle de type label ou maison de disques afin de concrétiser son projet. Véritable passage obligé ou nécessaire pour tout artiste émergent, l'autoproduction est, dans toutes ses formes (démo, sortie digitale, sortie physique), une initiation à la professionnalisation. C'est aussi la possibilité de sensibiliser et fidéliser un premier public, de se faire entendre, comprendre. Selon les objectifs qu'il se sera fixés, l'artiste va donc se retrouver à suivre un parcours plus ou moins tracé, plus ou moins sinueux et accessible.

Aujourd'hui, l'autoproduction n'est plus seulement une utopie même si elle comporte des limites certaines, le soutien de professionnels étant indispensable pour passer un cap. Certains l'ont pratiquée avec succès au lancement de leur carrière, par exemple Arcade Fire ou encore Anaïs. C'est ainsi l'artiste qui produit son album, son projet, soit en son nom propre, soit en association, soit par l'intermédiaire d'une société de production créée à cet effet, favorisant ainsi le levier nécessaire à la sensibilisation de ses futurs partenaires professionnels (maison de disques, tourneur, éditeur et manager).

Si l'autoproduction, et par extension le concept de *do it yourself*, concerne la majorité des artistes en France, elle occupe aujourd'hui encore une place dérisoire dans les médias classiques. Au paradoxe près

À savoir

La notion de *do it yourself* (« fais-le toi-même ») a été appliquée dès 1966 par le groupe Grateful Dead avant d'être popularisée par le mouvement Punk dans les années soixante-dix, puis en France dans les années quatre-vingts lors de la vague du rock alternatif. Il s'agit pour un artiste de se substituer aux différentes structures de production (disque, tournée), d'édition et de management dans un souci d'indépendance artistique totale.

que, sous ce nom, des mastodontes tels Francis Cabrel ou Jean-Jacques Goldman ont su, dans une logique d'artistes entrepreneurs, conquérir une indépendance certaine même s'ils sont bien entendu entourés d'autres structures professionnelles. Arrivé au sommet médiatique, un artiste peut en effet se passer d'un producteur Major (dont il n'utilise que la puissance commerciale de sa force de vente pour la distribution). De plus en plus d'artistes choisissent ou subissent cette option. Parmi les autoproduits, on trouve aussi des artistes moins célèbres mais qui ont un désir d'indépendance et arrivent à se développer, comme Les Ogres de Barback (qui possèdent leur propre label et donc leur propre organisation) ou le groupe Deportivo qui suit désormais aussi cette voie.

Concept général

Tous les professionnels s'accordent à le dire : faire un disque aujourd'hui c'est avant tout avoir une carte de visite. Le disque est un outil qui crédibilise, que l'on remet facilement à différents contacts utiles : agents, festivals, salons… C'est un support qui « signe » une démarche artistique, une singularité, un talent, un univers. Accompagné d'un court livret de présentation, il est l'instrument essentiel de démarchage et de promotion. Faire un disque, c'est donc augmenter ses chances de trouver des dates de concert, de faire une interview à la radio, d'être chroniqué dans un magazine et, pourquoi pas, de se faire repérer par un label.

Il est important de noter que les autoproductions sont soumises à un cadre légal en France et font l'objet d'obligations administratives et juridiques (structure, statut, législation du travail, dépôt légal, fiscalité, droits SDRM – Société pour l'administration du droit de reproduction mécanique). Faire un disque est aussi et surtout une palpitante aventure humaine, technique, stratégique, qui permet d'enrichir sa propre expérience et de mieux connaître la profession au gré d'un long travail d'écriture, d'arrangement, d'interprétation, de préproduction, de prise de son, de mastering et de promotion.

Enfin, et bien sûr, faire un disque, c'est simplement exister dans le milieu professionnel, rentrer dans le circuit de la musique avec la volonté d'en vivre et d'y être reconnu comme un artiste qui a son mot à dire. Bref, faire un disque, c'est finalement l'occasion d'affirmer son identité artistique.

Cadre stratégique

L'autoproduction nécessite un cadre stratégique. Au vu des transformations que l'industrie de la musique a subies depuis l'avènement d'Internet, de nouveaux business modèles ont émergé, qui ne dépendent plus de tel *airplay radio* (passage radio) ou de tel passage télévisé, mais de la relation directe aux fans et donc aux *followers*.

La question n'est plus aujourd'hui pour l'artiste de signer son projet avec telle ou telle maison de disques, mais bien de réussir à créer une indépendance artistique et financière susceptible d'intéresser de futurs partenaires professionnels traditionnels : label, tourneur, éditeur, manager (nous en parlerons plus en détail au chapitre 4). Il convient pour l'artiste émergent d'amorcer une profonde réflexion tant sur la nature de son projet que sur sa forme d'expression et de diffusion.

L'artiste émergent construit donc son propre univers, avec des codes qui lui sont propres. Il lui faut à la fois maîtriser des notions de *direct to fan* (relation participative, communication directe, vente directe) mais aussi de cross média (raisonner sa diffusion via la plupart des supports médias). Un artiste qui réussit, c'est une marque sonore et visuelle reconnaissable entre mille. Il est important de se détacher de toutes influences, qui sont forcément ancrées au plus profond de l'inconscient, pour enfin créer un projet unique et singulier.

S'autoproduire, c'est rentrer dans une logique de *do it yourself* qui ne doit pas être vue ni comme une fatalité, ni comme un complexe, mais comme une véritable étape dans la carrière d'un artiste. Mais s'autoproduire c'est avant tout se substituer à un producteur : mieux vaut donc en apprendre les différentes ficelles et devenir ainsi acteur du monde musical.

La production d'un projet musical – que ce soit un album (le « LP » pour *Long Play*, qui correspond à un projet de plus de huit titres) ou un maxi, le fameux « EP » *(Extended Play)* pour un projet comportant lui, de quatre à huit titres, ou encore un *single* (pour un à deux titres) – répond comme tout exercice artistique à un certain nombre de codes et de règles nécessaires au bon déroulement du projet. Il existe un séquencement précis (préproduction, production, postproduction) de ce que doit être ce travail de production artistique qui, s'il est respecté, assure un résultat optimal.

« Pour réaliser une chose vraiment extraordinaire, commencez par la rêver. Ensuite, réveillez-vous calmement et allez d'un trait jusqu'au bout de votre rêve sans jamais vous laisser décourager. C'est la seule méthode que je connaisse et elle m'a toujours réussi. »
– Walt Disney

« La personne qui réussit dans la vie est celle qui regarde constamment son objectif et qui le vise inébranlablement. C'est ça être engagé. »
– Cecil B. DeMille

En amont de l'enregistrement : la préproduction

La préproduction est une étape cruciale dans la bonne mise en œuvre du projet. Il s'agit pour l'artiste de définir les titres qu'il désire enregistrer, de les répéter, les remanier, les réarranger jusqu'à trouver la formule — cette singularité que les Américains appellent le *money maker*.

La plupart des artistes confirmés apportent un soin tout particulier à cette étape. Il s'agit pour le groupe ou l'artiste de se créer une véritable bulle créative nécessaire à la conception et à l'écriture, en amont de l'enregistrement du projet.

Réalisation de la prémaquette

Ce travail consiste à enregistrer les répétitions. Pour cela, il suffit d'utiliser un simple enregistreur et un micro d'ambiance. La prémaquette sert à vérifier que l'ensemble sonne juste et que chaque musicien trouve sa place dans la formation. Cette étape peut également être profitable pour régler d'éventuels problèmes de jeu, de structure, de placement, d'intention et de tonalité.

Enregistrement de la maquette

Le but est de choisir le mode opératoire. Pour ce faire, il convient de simuler les prises comme elles devront se dérouler en studio (enregistrement de chaque instrument séparément ou par section). À ce stade, la qualité du son n'est pas la priorité.

En termes d'outils, il est d'usage d'enregistrer soit sur un multipiste, de type huit-pistes intégré Tascam ou Fostex (en utilisant la technique du ping-pong), soit en configuration home studio avec un logiciel séquenceur (de type Pro Tools, Cubase…), une petite carte son, des écoutes premier prix (comme des enceintes de type Yamaha NS10) et plusieurs micros de scène (SM58).

Une fois la maquette réalisée, il ne reste plus à l'artiste qu'à la faire écouter à son entourage professionnel et personnel pour recueillir des avis ou des conseils. Cette maquette pourra par la suite être présentée aux différents studios envisagés pour l'enregistrement dit « définitif ».

Lors de la réalisation d'une maquette, le travail des instruments un par un est primordial pour obtenir le meilleur résultat possible. En effet, en les enregistrant indépendamment (piste par piste), vous construirez un instrumentarium modifiable, réenregistrable à l'infini et réutilisable. Cela vous offrira une souplesse dans la composition, dans les arrangements mais aussi lors de l'écoute finale, si toutefois le résultat obtenu n'était pas proche de vos objectifs initiaux. Cette technique vous permettra par ailleurs de pouvoir travailler à distance avec d'autres musiciens et ainsi de gagner du temps dans le travail de recherche d'arrangements en studio, le temps étant l'un des facteurs clés dans la réussite de l'enregistrement d'un projet musical.

Hiérarchisation des titres

Il s'agit d'établir l'ordre des morceaux à enregistrer en studio. Réfléchissez à un enchaînement logique afin d'éviter les pertes de temps.

La production phonographique répond à un certain nombre de protocoles à respecter dans le but d'optimiser, pour des raisons souvent budgétaires si ce n'est artistiques, le passage en studio. À cette étape, l'artiste, le plus souvent assisté de son réalisateur studio, se doit de ne négliger aucune information pratique : description des tempos, minutage des morceaux, impression des paroles, définition des parties. Vous devrez aussi construire le futur planning de production en vous basant sur les changements de matériel à prévoir (d'amplificateurs ou d'instruments afin de créer différents types de textures sonores), sur l'emploi du temps des musiciens (la présence de l'ensemble des musiciens n'est pas forcément requise lors des différentes sessions de travail). Il est par exemple d'usage, pour les formations amplifiées, de commencer par les sections rythmiques à savoir le duo basse-batterie, suivi des guitares, claviers, cuivres et cordes pour finir enfin par les voix. Une fois cette étape construite, vous pourrez libérer un peu plus de temps pour peaufiner votre futur *single*.

Étapes de la production

Enregistrement *live*, studio ou home studio ?

L'enregistrement est l'étape cruciale, celle où le son et la musique ne font qu'un. Ils deviendront bientôt objet pour mémoire, enfin fixés sur support physique et/ou numérique.

Enregistrer *live*, c'est-à-dire capter l'émotion d'un moment précis lors d'un concert, est une idée plus particulièrement intéressante pour le jazz, le blues et la musique improvisée en général. Cela permet de réduire les coûts et de profiter de l'énergie que procure la présence du public (à noter qu'on entend aussi par prise ou par captation *live* le fait d'enregistrer dans les conditions du *live* mais en studio). C'est une tâche difficile, car il faut être sûr de son jeu et de celui des autres musiciens. L'artiste qui s'engage dans cette voie contacte un preneur de son disposant d'un studio mobile. Le mieux est de faire deux concerts, deux soirs de suite, ce qui double les chances d'avoir de bonnes prises. Vous pouvez aussi faire un enregistrement sans public avant chaque concert ; vous disposerez ainsi de quatre prises. Le mixage se fait ensuite en studio.

En dehors du cas du *live*, choisir d'enregistrer en studio ou home studio dépend du genre de musique à enregistrer. Si le projet nécessite beaucoup de prises acoustiques, il faut posséder ou louer de bons micros, de bons préamplis et une bonne table, c'est-à-dire le type de matériel qu'un studio professionnel met à disposition. Outre le matériel, il ne faut pas oublier l'espace et l'acoustique nécessaires pour assurer de bonnes prises et la construction de tout bon disque.

En ce qui concerne les projets à base de programmations (que l'on retrouve dans les musiques électroniques et les musiques urbaines, mais aussi de plus en plus dans d'autres genres de musiques actuelles), le home studio reste une bonne solution – il est néanmoins préférable de passer ensuite par la case studio pour les voix, le mixage (en repassant les pistes programmées dans les préamplis) et les effets du studio afin de donner du grain, de la couleur et de la dynamique aux mixages préexistants.

Mixage

Le mixage consiste à faire une balance des timbres et des niveaux pour que chaque instrument prenne sa place de façon homogène. Piste par piste, différents effets sont utilisés pour renforcer la profondeur et l'ampleur du son. Une fois ce travail de restitution effectué, l'ingénieur du son ne doit pas (normalement) faire de *fade in* ou de *fade out* (c'est-à-dire des débuts ou des fins de morceaux quand le son général du mixage monte ou descend selon le parti pris artistique), ni mettre d'effets sur l'ensemble du mixage ; le risque étant de dénaturer le projet et de rendre le mastering plus compliqué.

Mastering

Le prémastering audio (plus communément appelé « mastering ») est l'étape d'optimisation du mixage avant la fabrication du CD. Cette ultime étape créative a lieu dans un studio dédié. Elle consiste à corriger les erreurs survenues lors de l'enregistrement pour tenter d'améliorer l'ensemble de l'enregistrement et lui donner la touche finale, le petit plus qui fera la différence.

Le mastering consiste en plusieurs opérations qui vont donner sa « couleur » à l'album : édition du son (c'est-à-dire mise en conformité rythmique du projet), correction des dynamiques (compression, limitation, etc.), corrections spectrales (égalisation, compression multibande), corrections spatiales (élargissement de l'image sonore), ajout d'effets (réverbération...). Autant d'opérations qui permettront d'obtenir un silence complet entre les titres, des niveaux quasi constants, un son clair et bien défini, des enchaînements fluides...

Le métier de réalisateur (interview)

Être réalisateur de disques, c'est avant tout comprendre l'univers d'un groupe pour le magnifier, c'est-à-dire le guider pour prévenir les erreurs classiques de création tout en évitant de transformer ou de déformer son œuvre. Il s'agit d'une maïeutique complexe où le réalisateur doit procéder par étapes.

1. Comprendre comment l'artiste évolue. Ce travail se fait dans l'idéal en amont du projet, dans la phase dite de « préproduction ». Le réalisateur suit l'artiste en concert et en répétition afin de rentrer dans son univers. Par manque de budgets, de plus en plus de labels sautent cette étape nécessaire au bon aboutissement de tout projet.

2. Magnifier l'œuvre. À la suite de ce travail préparatoire commence en parallèle de l'enregistrement une démarche sur les structures des titres, sur les arrangements et les refrains. Il s'agit d'un travail de direction artistique.

3. L'aspect technique. Un bon réalisateur est avant tout un excellent ingénieur du son. Il doit connaître la technique (logiciels, console) afin de mieux savoir la dépasser lors du processus créatif. On ne devient réalisateur qu'après une suite d'étapes nécessaires, en commençant comme assistant puis comme ingénieur du son pour enfin finir réalisateur. C'est un véritable apprentissage. Néanmoins, il existe une vraie différence entre le réalisateur et l'ingénieur du son, ce dernier s'impliquant peu ou pas dans l'aspect artistique.

Stéphane Buriez, réalisateur

En fin de parcours, le prémaster est normalement livré sur une bande Exabyte 8 mm respectant les codes QP (indexation) et répondant aux normes Red Book indispensables au pressage du CD en usine. Il peut aussi être livré sur CD-R audio de bonne qualité. Une copie est alors livrée à l'artiste pour une ultime écoute avant fabrication.

Parce que les capacités requises par l'ingénieur de mastering ne sont pas les mêmes que celles de l'ingénieur du son, tout comme le matériel utilisé, il est toujours préférable de passer par un studio dédié plutôt que de confier ces tâches au studio d'enregistrement.

En aval de l'enregistrement

Univers graphique *(artwork)*

Cette étape est intermédiaire et transversale. Elle consiste en la finalisation de l'ensemble de la réflexion sur le projet, celle qui se verra dans les rayons ou sur votre stand *merchandising*. C'est l'étape visible de l'audible ! Elle est le lien entre votre création artistique musicale et vos outils de promotion qui viendront enrichir l'ensemble de votre univers graphique : pochette, logo, photos, produits dérivés, outils de communication, clips vidéo...

N'oubliez jamais que votre *artwork* sera le premier contact qu'aura le public avec vous. Il est donc important, une nouvelle fois, d'avoir parfaitement ciblé votre projet afin de toucher au mieux vos futurs fans. Confiez ce travail à quelqu'un qui entendra et comprendra la globalité de votre univers.

L'*artwork* (interview)

Près de quarante ans après le début du marché du disque, le graphiste américain Alex Steinweiss (alors directeur artistique de Columbia Records) eut l'idée d'illustrer les pochettes vierges des disques vinyles. Le premier *artwork* fut créé en 1938, ce qui eut immédiatement un énorme succès auprès du public. Très vite, la pochette d'album est devenue un mur d'expression pour les illustrateurs, graphistes et photographes, évoluant sans cesse avec les techniques d'impression, les supports et les formats.

Les artistes musicaux ont depuis tissé des liens avec le graphisme, qui est probablement le moyen le plus simple de représenter un univers musical, invisible, complexe et abstrait. D'un simple point de vue commercial, une pochette d'album est là pour stimuler les ventes. Le consommateur associe un album à un *artwork* qui s'inscrit dans un style propre à l'univers de l'artiste. L'idée, c'est qu'il s'en souvienne, qu'elle lui donne envie chez le disquaire et qu'il la retrouve en image dans sa bibliothèque numérique.

Aujourd'hui, inciter à découvrir « par l'image » est la base de la communication. La transcription de la musique à travers une représentation visuelle prend alors tout son sens.

Comment avoir un artwork *« qui claque » et qui « raconte » ce que je chante ?*

Depuis 1970 et la production d'artistes musicaux en grand nombre, chaque style a récupéré des stéréotypes : l'artiste électro demandera à son graphiste de lui créer un visuel débridé, le rockeur posera avec ses congénères barbus le regard au loin, le métalleux se fera dessiner une mascotte allégorique de la mort, le rappeur se chargera de bling-bling et de filles plantureuses, l'artiste de variété pop pourra se faire tirer le portrait sur fond de paysage nuageux et les musiques classiques reproduiront la gravure de leur compositeur, ceint de portées et notes de musiques. Et ne parlons pas des compilations qui prendront leurs plus mauvaises typos pour nous vanter le *best of dance* de l'année passée.

Et pour moi qui suis un artiste unique ?

Le bonheur, c'est qu'il n'y a pas de règle. Les visuels peuvent être complexes, on peut raconter une histoire (celle de l'album) ou au contraire rester très sobre pour laisser place à la musique, partir dans l'abstrait, détourner des images, faire passer des messages, etc. Le graphiste travaille avec l'artiste, joue sur des codes tout en se démarquant pour que l'album devienne unique. Il doit voir beaucoup plus loin que le petit format carré du livret du CD ! Aujourd'hui, le visuel doit être plurimédia : on doit le retrouver sur Internet, dans des vidéos publicitaires ou promotionnelles, dans la presse, sur des affiches, etc. La cohérence de ces déclinaisons permet au consommateur de s'y retrouver autour du travail de promotion de l'artiste. L'ultime rassemblement du graphisme et de la musique intervient lors de la représentation *live*. Quoi de plus jouissif que de retrouver l'ambiance d'un album lors d'un concert ? Jouer avec les écrans, les lumières, les projections, la scénographie, tout en donnant à découvrir la performance musicale, apporte une autre dimension ; on passe d'une image figée à un tableau en mouvement.

Le graphisme intervient aussi au niveau du *merchandising*. Une collection de tee-shirts, écharpes, mugs et drapeaux de qualité assure une publicité de masse faite par les fans et une reconnaissance entre eux. Il en va de même pour les affiches, les coffrets *collectors*, et autres produits dérivés affublés du nom de l'artiste.

De nos jours, il est impensable de voir émerger un nouveau groupe sans sa toile de fond graphique, tant les images composent notre quotidien. Photographies, couleurs, ambiances, typographies... La représentation visuelle de l'artiste varie donc en fonction de ses aspirations, des choix marketing et des courants. Et elle n'est vraiment pas à négliger !

Julien Escalas, graphiste multimédia

Fabrication

Choisir entre pressage et duplication, lorsqu'on veut fabriquer son disque, revient à faire un choix entre deux supports qui ne seront pas utilisés aux mêmes fins.

Le pressage. La technique du pressage fait appel à une impressionnante ingénierie industrielle et à une multitude de ressources humaines. C'est elle, et elle seule, qui permet de fabriquer un CD de haute qualité, viable et durable. Sans rentrer dans les détails, sachez que le procédé de fabrication d'un CD pressé consiste à usiner une matrice en métal à partir d'une pièce en verre appelée « Glassmaster ». Cette matrice accueillera la matière première injectée à chaud : le polycarbonate. Après injection de ce plastique, plusieurs couches d'argentique sont posées pour que le faisceau laser puisse faire des allers et retours sur le support. Différentes couches de vernis et une sérigraphie aux couleurs de l'album sont ensuite appliquées. Tout est fait dans la masse, les données sont directement insérées dans le CD. Dès lors, des milliers de CD, tous de la même qualité, sortiront de ce moule.

Il existe deux types de prestataires : les usines et les *brokers*.

- L'usine est un site de production, doté d'un matériel technologiquement capable de produire chaque mois plusieurs millions d'exemplaires de CD, CD-Rom ou DVD. Ses prestations vont de la fabrication de votre disque jusqu'à sa livraison, en passant par la réalisation du Glassmaster. Beaucoup disposent d'une imprimerie pour fabriquer les livrets, jaquettes et packagings cartonnés : Digipack, Digisleeve, pochette carton, etc.

- Le *broker* est un prestataire intermédiaire entre vous et l'usine ; il est à l'industrie du disque ce que l'agent de voyage est à l'industrie du tourisme. Ses services sont payants, bien sûr ; le *broker* prend une petite marge sur le tarif négocié. Cependant, comme avec une agence de voyage, le prix final payé par le client est généralement moins élevé que s'il avait traité directement avec l'usine. Au-delà d'une simple question de coût, le *broker* assure à votre projet une certaine valeur ajoutée. Son rôle dans cette chaîne complexe consiste à vous représenter et à veiller au bon déroulement des opérations.

La duplication. Cette technique s'apparente peu ou prou à de la gravure de CD sur un ordinateur personnel. L'opération est un peu plus professionnelle, mais la durée de vie de ces CD est moins longue que celle des disques pressés. C'est pourquoi cette technique est utilisée pour fabriquer de petites séries à moindre coût, comme des CD promotionnels, ou pour diffuser ses premières démos. Mieux vaut l'éviter pour un CD audio destiné à la vente. La différence est de taille : un disque dupliqué peut poser des problèmes de lecture selon que vous le passez sur une chaîne hi-fi, un PC ou tout autre lecteur, et une déperdition de qualité sonore.

L'autopromotion
Concepts de *content marketing* et de *personal branding*

Le *content marketing*, ou marketing de contenu, désigne les pratiques qui visent à mettre à disposition des prospects ou des clients un certain nombre de contenus utiles ou ludiques. On parle plutôt de *brand content* lorsque du contenu est proposé à des fins marketing dans le domaine du *B to C (Business to Customers)*, ce qui sous-tend dans notre cadre la vente au public (voir la section « Focus sur le *brand content* musical », au chapitre 5). Dans le cadre du développement d'un artiste, on considère donc, à l'ère du 2.0 et bientôt de la fibre optique, la nécessité de proposer à son public une actualité sans cesse renouvelée de textes, de vidéos, de chansons inédites, de photos, de témoignages ou de tout autre type d'actualité. À noter que l'idée de mini-série web est une manière de gagner en notoriété tout en se garantissant une réelle fidélité des fans (de nombreux artistes y ont désormais recours, comme Martin Solveig pour le lancement de son album *SMASH* en 2011).

Né aux États-Unis, le *personal branding* se positionne entre le coaching, le marketing et le développement personnel. Il s'agit de se considérer comme une marque à part entière qui, tel un « ADN relationnel », lie les individus les uns aux autres. Dans le cadre d'une pratique de promotion d'un artiste, cette notion contemporaine est primordiale dans la constitution d'une stratégie d'approche des médias. L'artiste émergent doit développer sa marque, son univers, sa propre griffe.

Pour espérer accroître sa visibilité, sa crédibilité, son attractivité et atteindre enfin la notoriété, comme pour le développement d'une marque d'entreprise, il faut respecter quelques fondamentaux comme indiqué sur la figure page suivante.

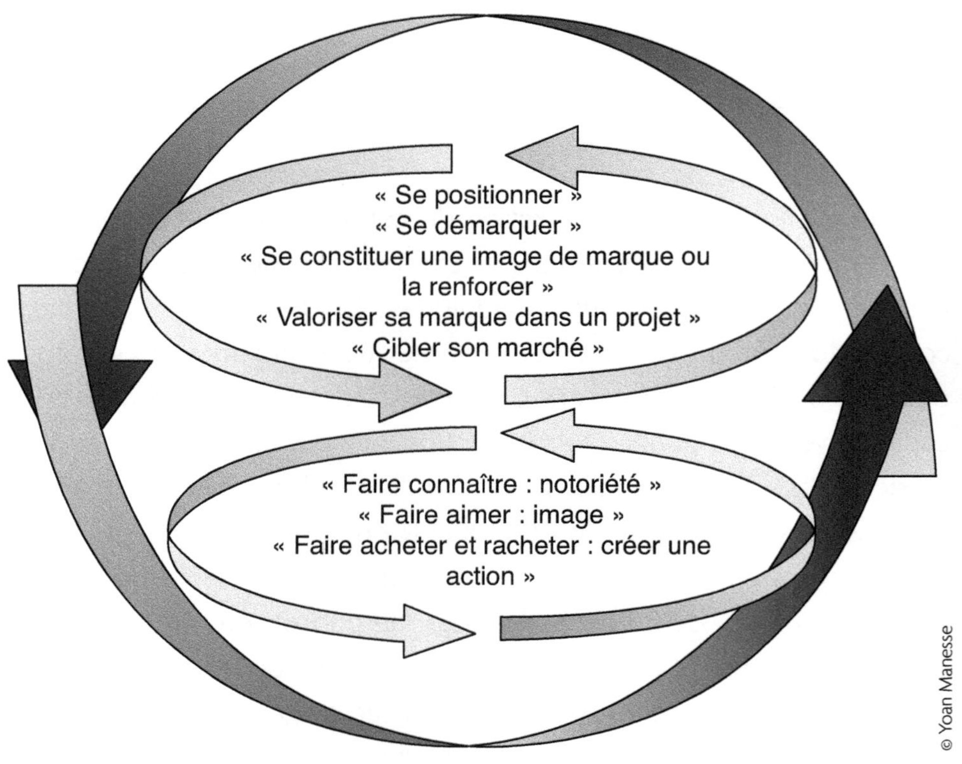

Les cercles vertueux du personal branding.

L'artiste d'aujourd'hui doit maîtriser les notions de *content marketing* et de *personal branding*, et donc créer un univers basé sur une harmonie absolue entre vidéo, graphisme et musique, afin de relayer au mieux son message et la cohérence de sa « marque ». Ses actions doivent être récurrentes afin de fidéliser un public, en l'occurrence ses *followers* (ses suiveurs).

Outils et méthodes d'autopromotion

Afin d'optimiser sa communication, il faut à l'artiste un minimum d'outils. Ils lui permettront de développer sa notoriété que ce soit sur Internet, en téléphonie mobile et bien sûr en média. Les outils nécessaires à une bonne promotion sont donc :

- des titres bien produits ;
- des vidéos de bonne qualité ;
- un *artwork* cohérent et une communication visuelle réfléchie ;
- des photographies récentes ;
- une biographie bien écrite ;

« Dans le futur, chacun aura le droit à quinze minutes de célébrité mondiale. »
– Andy Warhol

- une connaissance des médias ;
- une présence régulière sur les réseaux sociaux ;
- un *merchandising* développé *(goodies...)* ;
- du *street marketing* ;
- un tout cohérent.

Internet, réseaux sociaux et mobiles

Internet a pris une place considérable dans les modes de consommation liées à la culture, à la musique et à l'*entertainment* (l'industrie du divertissement) en général. Il est aujourd'hui impensable pour un artiste d'imaginer pouvoir développer une carrière sans en maîtriser un minimum l'usage. Il doit donc y asseoir son implantation et sa notoriété.

Myspace (le réseau social historique), Facebook, Twitter, Google+, SoundCloud, Bandcamp... On assiste à la création de plus en plus de tribus sur Internet, dispatchées en plusieurs canaux/réseaux sociaux. Chaque artiste doit développer son ou ses réseaux sociaux et, par ce biais, sa propre communauté. Ses fans seront alors ses *followers* et deviendront prescripteurs potentiels et relayeurs de son message.

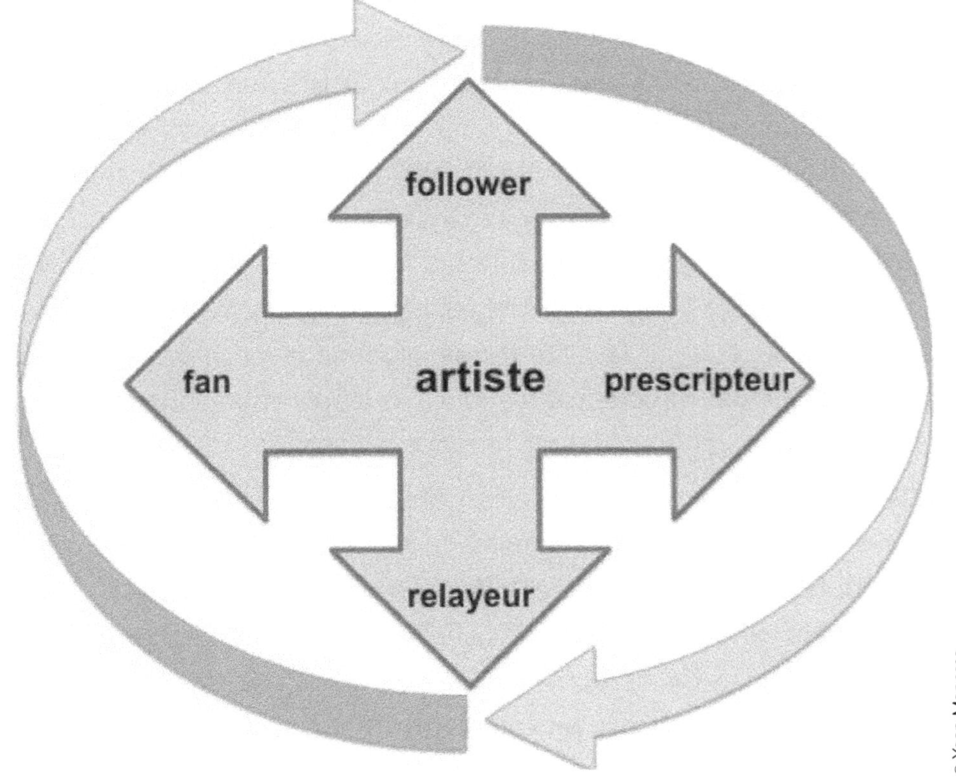

Les cercles évolutifs, de l'utilisateur au fan.

Un travail bien fait sur les réseaux sociaux nécessite de créer une véritable interactivité entre les différents supports utilisés. L'artiste sera donc présent sur Facebook, Twitter, SoundCloud ainsi que sur YouTube, Dailymotion et autres, afin de fidéliser un maximum de *followers*. C'est ce travail qui lui permet d'avoir une base solide à la bonne continuité de sa carrière. Il s'agit de se créer une audience, de la fidéliser en évitant de trop éparpiller son information et en n'oubliant pas le célèbre adage marketing selon lequel « trop d'informations tue l'information ».

Avec l'explosion des supports nomades connectés, la stratégie de développement de notoriété passe aussi aujourd'hui par une connaissance du marché du mobile qui permet, quel que soit son système d'exploitation (Android/Google, iOS/iPhone...) ou sa forme (tablette, smartphone...), une mise à jour permanente des fils d'actualités. Une fidélisation de ses fans via un fil d'actualité SMS ou RSS est par ailleurs possible et même recommandé ! Ce principe peut être géolocalisé et permettre ainsi une promotion des concerts.

Noomiz, la passerelle numérique des jeunes talents. Passerelle entre artistes et professionnels, Noomiz se destine également au grand public en offrant un service gratuit de découvertes musicales et de partage de celles-ci. Noomiz se concentre en effet sur les jeunes talents de la scène française, toutes esthétiques confondues, mais devrait rapidement élargir son répertoire. La start-up offre aux artistes un service de blog et d'exposition de leur musique, notamment exportable vers les réseaux sociaux, blogs et autres sites. Elle établit un top mensuel des artistes émergents sur Internet, basé sur l'analyse des audiences web, sur des critères tant quantitatifs que qualitatifs. Ainsi, chaque mois, une sélection de blogs et de webzines parmi les plus influents mettent en avant trois artistes repérés sur la plate-forme. Noomiz favorise également les rencontres avec des directeurs artistiques de labels et organise régulièrement des soirées afin d'exposer la musique sur scène.

YouTube et Google. Google a lancé fin 2013 un service d'écoute de musique en streaming sur abonnement, Google Play, sans téléchargement, qui fera concurrence à des offres comme celles de Spotify. Payer l'abonnement offrira des fonctionnalités supplémentaires, et notamment de ne plus avoir de publicité. De son côté, YouTube (détenu par Google) est très utilisé par les internautes pour accéder à des vidéos musicales (le clip du succès musical de 2012, *Gangnam Style*, y a notamment été visionné plus d'un milliard de fois). Il est conseillé de créer sa propre chaîne YouTube. C'est le meilleur moyen de concentrer son audience et de créer un rendez-vous avec elle. Un artiste émergent peut, par exemple, dévoiler certains de ses titres ou certaines étapes de son travail par ce bais. À noter qu'une monétisation est possible, basée sur le partage des recettes publicitaires : 1 € pour 1 000 vues. Plus d'informations sur www.youtube.fr et www.google.com.

Evergig. C'est une jeune start-up au concept simple : basée sur le principe de vidéos collaboratives, elle récupère toutes les vidéos prises par les smartphones des utilisateurs/spectateurs et reconstitue un concert pour le diffuser en ligne à travers une application. La technologie utilisée permet de sélectionner automatiquement les meilleures vidéos, de les associer afin de réaliser un montage de qualité. Une fois le concert mis en ligne, il peut être enrichi par de nouveaux extraits envoyés par les internautes, ce qui renforce l'impact participatif. La qualité vidéo dépend bien entendu du talent et du nombre de « vidéastes amateurs ». Quant au son, il est directement pris sur la régie et offre une restitution HD parfaite du concert, sans les retouches généralement réalisées pour les DVD. Pour plus d'informations : http://evergig.com.

« Les six piliers du web marketing pour les artistes » de Virginie Berger

1. Création d'un site Internet (car les réseaux sociaux sont volatiles, n'oubliez pas la chute brutale de Myspace).

2. Création de profils sur l'ensemble des réseaux sociaux (comme Facebook, Twitter, Google+, Myspace, SoundCloud, Bandcamp).

3. Création d'une chaîne sur les plates-formes vidéo (YouTube, Dailymotion, Vimeo).

4. Optimisation du référencement (en soignant ses URL, en évitant de les doubler et donc en nommant précisément l'ensemble des contenus).

5. Création de contenus multimédias (photos, sons, vidéos).

6. Diffusion régulière du contenu à travers tous les canaux (ne pas hésiter à créer des événements spécifiques, comme les cours de musique en ligne de Stromae ou « La chanson du dimanche »).

Musique et stratégies numériques, Virginie Berger, ex-directrice de Myspace France (éditions IRMA, 2011)

Plusieurs axes de promotion

Une promotion cross média. L'artiste d'aujourd'hui doit raisonner en format cross média en se servant autant des formats numériques que des médias traditionnels. Il conçoit donc sa promotion de manière transversale et non linéaire.

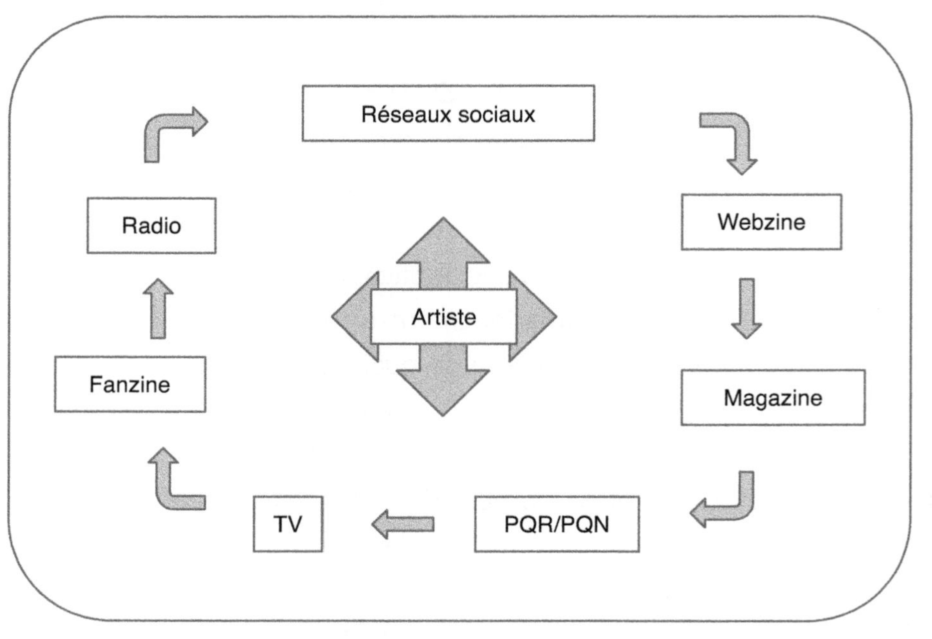

Exemple de schéma cross média.

Blogs, webzines, fanzines : le culte de l'amateurisme. Il reste sur la Toile une véritable culture du fanzine, initiée en France dans les années soixante et héritée du mouvement Rock. Ces « enfants du fanzine » sont aujourd'hui présents sur Internet à travers une multitude de webzines, blogs, radios et TV web. Pour beaucoup, ces webzines sont des associations de type loi 1901 dont la vocation, pour les passionnés qui les composent, est la promotion et la diffusion de nouveaux talents musicaux. Ils proposent des chroniques d'albums, des chroniques de concerts et sont un véritable relais pour une promotion et une présence web accrues. Parmi les plus influents et actifs, il convient de citer La grosse Radio, Zikannuaire, LaGuitare.com, et d'autres plus spécialisés par style de musique, comme Wegofunk, Liability, Radio Metal, etc.

Une promotion locale ciblée. Pour donner de l'ampleur à son actualité (sortie d'album, tournée…) et accroître sa notoriété, l'artiste devra travailler le réseau médiatique local en entretenant avec lui des relations régulières et suivies. Différents outils s'offrent à lui, comme la rédaction et l'envoi de communiqués de presse, le contact direct par *phoning* (par téléphone) et, bien entendu, les rencontres directes, par exemple lors de spectacles. Évidemment, il faut commencer par cibler les médias les plus proches de chez soi (radios et télévisions locales, presse quotidienne régionale...), car ils sont souvent enclins à mettre en lumière les initiatives de leurs territoires. Ces médias locaux, comme *Ouest-France*, Hit West ou TV Rennes 35 Bretagne, ne sont donc pas à négliger, d'autant que la PQR (presse quotidienne régionale : *La Provence*, *La Voix du Nord*, *L'Est Républicain*...) est beaucoup plus lue que la PQN (presse quotidienne nationale : *Libération*, *Le Figaro*, *Le Monde*, *Aujourd'hui en France*...).

Une promotion nationale. L'idéal serait bien sûr d'accéder à une promotion par le biais de médias bénéficiant d'une couverture sur l'ensemble du territoire, mais les places sont chères et essentiellement dévolues aux artistes « signés ». On entend par « média national » les chaînes de télévision de la TNT ainsi que celles présentes sur l'ensemble des bouquets (câble, satellite, ADSL, fournisseur d'accès Internet), les radios nationales ainsi que la PQN et les magazines, qu'ils soient spécialisés ou généralistes. Il est cependant possible d'accéder à une première visibilité nationale en passant par les réseaux indépendants (un certain nombre de médias se sont regroupés afin de syndiquer leurs contenus et d'élargir leur diffusion ; voir « Les réseaux et les fédérations », au chapitre 3), comme le réseau Ferarock ou le réseau des radios Campus.

Des opérations de *street marketing*. À travers des opérations dites « de rue », à savoir d'affichage, de flyers, de stickers ou de pochoirs, il est possible pour un artiste de ressortir plus facilement que sur Internet (notamment en début de carrière) et de créer une relation de proximité dynamisant sa notoriété. Également appelé « guérilla marketing », ce genre d'opération est encadré par la loi du 29 juillet 1881 et semble être rentré dans les mœurs.

Médias traditionnels

Contacter les médias n'est pas la tâche la plus aisée. Et force est de constater que de nombreux artistes, une fois leur album réalisé, rechignent à se lancer dans cette démarche. Pourtant, la communication est essentielle pour assurer de bons retours. La promotion d'un artiste peut prendre différentes formes mais, dans ce domaine, un seul objectif : créer le buzz ! Le but du jeu consiste à s'adresser aux journalistes sensibles à votre projet, à leur fournir des documents concis et les plus clairs possible et à les relancer régulièrement... sans trop les harceler !

Évidemment, pour un projet musical, les médias musicaux sont le cœur de cible d'une stratégie bien pensée. Ces acteurs incontournables de ce métier sont à la fois des marqueurs professionnels mais aussi des prescripteurs indispensables. Attention toutefois à ne pas omettre de planifier votre stratégie média avec des médias complémentaires plus généralistes, voire transversaux.

Les radios. Il existe plus de mille opérateurs de radios privées en France. Elles sont regroupées en différentes catégories :

- catégorie A : radios associatives de proximité ou communautaires ;
- catégorie B : radios locales ou régionales commerciales qui ne sont pas affiliées à un réseau national (Radio Scoop, Vibration, Contact FM…) ;
- catégorie C : les stations locales ou régionales qui sont affiliées ou abonnées à un réseau national (stations locales de Fun Radio, NRJ, Skyrock, proposant 4 heures de programmes locaux par jour) ;
- catégorie D : radios diffusant le programme d'un réseau thématique national sans décrochage régional (stations de Fun Radio, NRJ, Skyrock… ne reprenant pas le programme national) ;
- catégorie E : Europe 1, RTL, RMC (qui sont des radios généralistes nationales).

Tous ces opérateurs travaillent de la même manière, en proposant à leurs auditeurs une *playlist* en rapport avec leur thématique, ou couleur musicale, composée de titres qui rentrent alors en rotation. On distingue ainsi :

- les petites rotations, pour les nouveautés ;
- les rotations moyennes, pour les titres dits « classiques » ou « gold » ;
- les rotations moyennes *power*, pour imposer un titre ;
- les rotations fortes, pour les tubes.

L'artiste émergent doit contacter les radios de catégorie A, voire B et éventuellement C, à même de diffuser les premiers morceaux d'artistes indépendants.

La télévision. Avec l'arrivée de la TNT et des *box* des fournisseurs d'accès Internet, le nombre de chaînes a explosé en France, permettant une multiplication de l'offre et donc des contenus. Hormis les chaînes historiques et thématiques, telles que celles des groupes M6, MTV ou MCM, de nouvelles chaînes, comme L'Énôrme TV du groupe LCTVI, lancent de véritables spots d'exposition pour artistes émergents, par

exemple Solo ou Une Dose 2 Métal, qui dynamisent la scène indépendante. De nombreuses autres chaînes proposent aussi des programmes
pour ces artistes, comme certains décrochages locaux de France 3, ou
des chaînes régionales telles WEO, Télé Nantes, Lyon Capitale TV, La
Locale, TVFIL78...

La presse écrite. La presse musicale spécialisée (*Rock & Folk*, *Guitar
Part*, *Rolling Stone* pour le rock, *RapMag* pour les musiques urbaines,
etc.) reste quasiment inaccessible pour les artistes autoproduits, hormis
quelques chroniques ou rubriques spécifiques. Il en est de même des
médias généralistes, presse quotidienne nationale (*Libération*, *Le Monde*,
etc.) ou hebdomadaire (*Le Nouvel Observateur*, *Télérama*, etc.). La presse
régionale a quant à elle vocation à soutenir ces artistes et à relayer les
concerts qui se déroulent sur son territoire.

Bya

Bya est un service payant destiné aux professionnels de la filière musicale (éditeurs,
producteurs, labels) qui y déposent leurs nouvelles productions. C'est une plate-forme de
livraison de titres en format diffusable, ou *broadcast*, accompagnés de données promotionnelles, comme la biographie de l'artiste, le communiqué de presse de l'album, le
clip vidéo de présentation (EPK). Cette interface permet de diffuser toute l'information
souhaitée concernant un artiste à différents destinataires abonnés.

Pour plus d'informations : www.bya.fr.

Conseils stratégiques et erreurs à éviter

1. **Réaliser un média planning.** Afin d'optimiser sa promotion, il faut
   d'abord trouver les bons médias, cibler les bons relais, planifier les
   chroniques et les retombées presse, voir l'achat d'espaces pour les
   projets les plus solides... C'est ce que l'on entend par « média planning ». Il s'agit de cibler les supports spécialisés pouvant correspondre
   au style de votre projet, puis de faire un second tri pour ne conserver
   que ceux qui seront susceptibles d'en parler. Il faut organiser sa promotion de façon intelligente afin d'obtenir le maximum de résultats en
   termes de diffusions et de retombées presse. Chaque style de musique
   a son propre réseau de médias affiliés. A priori, un fanzine spécialisé
   dans le rock a peu de chances de chroniquer un CD de zouk... Il en va
   de même pour la programmation musicale en radio : si l'artiste joue du
   heavy metal, il y a peu de chances qu'il se retrouve en rotation, c'est-à-

dire en programmation, sur Radio Classique. Cette première sélection évite beaucoup d'envois (et de frais) inutiles.

Quel que soit le style musical, il convient de s'adresser d'abord aux médias spécialisés avant de solliciter les plus généralistes. Pour un disque de rock, par exemple, mieux vaut contacter dans un premier temps les webzines spécialisés, comme Zikannuaire, puis les médias locaux, ensuite ceux ayant la culture de la découverte comme *Les Inrockuptibles*, *Guitar Part*, Ouï FM, Le Mouv', pour enfin solliciter *Télérama*, *Le Nouvel Observateur* ou *Libération*. Il ne faut évidemment pas oublier que seuls les partenaires professionnels d'un artiste, comme les labels ou les éditeurs, sont susceptibles de sensibiliser les grands médias de masse, mais cela ne veut surtout pas dire qu'il ne faut rien tenter !

2. **Cibler les médias locaux.** Ce sont les meilleurs alliés dont peut bénéficier l'artiste émergent, car ils sont curieux de nouveautés et d'informations culturelles, surtout quand elles sont locales. Pendant une tournée, le média local est votre meilleur ami : il peut vous garantir non seulement une couverture médiatique, mais aussi un remplissage de salle.

3. **Adopter le bon tempo, la planification.** Pour que votre plan média soit le plus cohérent possible, le choix de la date de sortie d'un album est crucial. À certaines périodes (rentrée de septembre, le mois de novembre pour les cadeaux de fin d'année…), les sorties sont légions. Il faut éviter de prendre le risque d'être noyé dans la masse des envois promotionnels. La période estivale est également à proscrire, puisque les médias tournent au mieux au ralenti (même les tubes de l'été sortent quelques semaines en amont) et que le public est moins disponible.

Une bonne promotion doit s'étaler sur une période de trois à six mois encadrant la sortie du disque ; en deçà, vous risquez d'être peu crédible vis-à-vis des médias. Il est donc important de vous organiser à l'avance pour être dans le bon tempo et ne pas faire de faux pas. En presse écrite, envoyez le fameux pack promo (comprenant le disque, une biographie et une liste des concerts à venir) au minimum un mois avant la sortie de votre album, et relancez régulièrement les responsables éditoriaux à mesure que la date fatidique approche. Pour la télévision et la radio, prévoyez un peu plus de temps : les chaînes TV et les radios sont très sollicitées ; il est souvent difficile de joindre les producteurs d'émissions et les responsables de la programmation.

4. **Soigner la logistique.** L'envoi de CD promotionnels, véritable nerf de la guerre, doit être solidement planifié. Il faut assurer un suivi régulier, relancer chaque média pour vérifier que le disque et le dossier de presse sont arrivés à bon port. Dans la foulée, profitez-en pour rencontrer des journalistes, invitez-les à la soirée de lancement de votre disque, aux concerts importants ainsi qu'à vos *showcases*. Ne négligez aucune interview, aucun rendez-vous téléphonique, car comme il est d'usage de le dire dans le milieu musical : « Il n y a pas de petit média. »

5. **Publicité et marketing : partenariats et achat d'espace.** Pour obtenir un maximum de résultats, il ne faut pas hésiter à solliciter les médias en leur proposant des échanges ou des partenariats. Peu coûteuses, puisque basées sur un échange de bons procédés (vous pouvez, contre un peu de visibilité, offrir des places de concert, albums, tee-shirts…), ces opérations s'avèrent souvent rentables. Si vous disposez d'un budget plus conséquent, vous pouvez aussi engager quelques frais pour des campagnes de publicité en radio ou télé locales. Souvent réalisés par les animateurs eux-mêmes, les jingles se négocient à des coûts relativement raisonnables. L'achat d'espace publicitaire dans la presse peut être plus onéreux. Néanmoins, cela reste une bonne solution pour annoncer la sortie d'un album et des événements importants. Comptez un budget moyen de 500 € pour une demi-page dans un magazine de la presse spécialisée musicale ou pour un petit spot radio. Autre intérêt, l'achat d'espace induit souvent du complément rédactionnel…

6. **L'attaché de presse.** L'artiste émergent ou débutant peut bien évidemment faire appel à un prestataire média afin de l'aiguiller dans ses choix et d'optimiser sa communication et ses relations presse. Pour assurer cette mission, un(e) attaché(e) de presse – qui saura rédiger un communiqué, rendre le contenu cohérent et défendre le projet à nombre de journalistes triés sur le volet – reste le moyen le plus sûr d'avoir de bons résultats. Le coût d'une telle prestation varie selon l'assise et la réputation professionnelles de l'attaché de presse, mais on peut compter un budget moyen de 500 à 1 500 € par mois et par projet sur une campagne de trois mois. (Voir aussi la section « L'attaché de presse », au chapitre 4.)

Attention

Respectez bien votre planning lorsque vous avez communiqué la date de sortie de votre projet. Ne modifiez cette date sous aucun prétexte !

> ### Se constituer un fichier presse
>
> Pour créer son fichier presse, deux solutions s'offrent à vous. La première est payante et consiste à acheter la base de données qui vous intéresse auprès de différents prestataires, tels que Hors Antenne, L'Argus des fichiers presse ou encore *L'Officiel de la musique*, qui paraît chaque année.
>
> Sinon il vous faudra constituer votre propre fichier en faisant une petite visite dans un kiosque pour découvrir tous les supports de la presse que vous souhaitez cibler (presse généraliste, spécialisée, régionale, nationale, etc.). Dans un document Excel très soigné, vous pourrez commencer à intégrer les différentes coordonnées de ces supports. N'hésitez pas à prendre contact avec ces derniers pour connaître le nom et l'e-mail du journaliste chargé de la musique. Au bout de quelque temps et après quelques contacts, votre fichier commencera à prendre allure. La mission la plus importante restera la mise à jour permanente de ces informations afin de conserver un fichier presse actualisé.

L'autodistribution

Quand un artiste a son disque en main, la tentation est grande pour lui de s'endormir sur ses lauriers, et cela même lorsque aucune signature label ou distributeur n'est à l'horizon. Et pourtant, le marathon est loin d'être terminé. À vrai dire, pour l'artiste qui désire développer une carrière, c'est même là que tout commence ! Sans distribution, l'artiste émergent ne gagnera que l'estime de ses proches.

Le distributeur (voir la section « La maison de disques, les partenaires de la musique enregistrée », au chapitre 4) est le partenaire professionnel qui met un phonogramme (œuvre sonore fixée sur un support physique ou numérique) à disposition du public. Le même processus entre en jeu, que l'on parle de distribution « classique » ou « physique » (le fait de rentrer des projets dans les circuits traditionnels de vente à travers les grands réseaux), ou de distribution « numérique » ou « digitale » via Internet, ou encore de « téléphonie ». Néanmoins, les différences entre les modèles de distribution physique et numérique sont multiples. Il existe en effet plusieurs canaux de consommation du phonogramme, donc plusieurs marchés et, par conséquent, plusieurs modèles économiques. On trouve ainsi :

- la grande distribution (GSA, les grandes surfaces alimentaires : Carrefour, Auchan...) ;

- les réseaux spécialisés (GSS, les grandes surfaces spécialisées : Fnac, Espaces Culturels Leclerc, Cultura…) ;
- les magasins spécialisés (disquaires indépendants…) ;
- la VPC (vente par correspondance), notamment via Internet.

> ### Signer avec un distributeur (interview)
>
> Il n'existe pas de méthode miracle, malheureusement. Actuellement, la priorité pour signer un artiste émergent en distribution est côté distributeur ; je dois sentir que sa motivation n'est pas dans la signature en tant que telle mais dans des objectifs commerciaux de vente, clairs et définis. Pour ce faire, il faut que l'artiste ait une réputation au moins régionale, que le buzz soit fait sur le Net via des blogs et autres Facebook, qu'il y ait de la promo réalisée par un attaché de presse, un peu de marketing et un projet abouti et cohérent. Tout en sachant que ce que je vais vouloir défendre ne sera pas forcément le choix d'un autre distributeur ! Trouver un contrat de distribution reste donc aléatoire pour l'artiste.
>
> Il faut aussi associer le numérique au physique, l'un ne va plus sans l'autre. Un distributeur ne prendra pas uniquement la distribution physique, sauf à de très rares exceptions désormais. Enfin, il vaut mieux parfois que l'artiste ait déjà sorti un album ou deux en autoproduction et qu'il les ait autodistribués lors des concerts pour mieux démarcher ensuite un distributeur à l'occasion d'un nouvel album…
>
> Olivier Rousselette, directeur général de Socadisc, www.socadisc.com

Concept général : le *direct to fan*

Le *direct to fan* a quasiment toujours existé dans le business de la musique. Il s'agissait par le passé de vendre ses albums lors des concerts ou dans des magasins spécialisés ; aujourd'hui, l'artiste peut rendre sa musique disponible dans le monde entier en passant par divers canaux, avec un retentissement qui peut être planétaire, comme ce fut le cas avec le groupe anglais Arctic Monkeys.

Le *direct to fan* connaît depuis quelques années un formidable essor grâce aux combinaisons des différentes nouvelles technologies. Il s'inspire de méthodes marketing comme le *personal branding* et le *content marketing*, car quand la notoriété augmente, la possibilité de la monétiser aussi. Certains artistes établis ont même fait ce choix de carrière (Radiohead, Nine Inch Nails) ou de mode de financement. Chaque artiste, ne serait-ce que par la vente de *merchandising*, pratique d'une manière ou d'une autre le *direct to fan*.

Méthodes pour l'autodistribution

Internet

Un artiste peut vendre directement ses albums physiques sous forme de CD ou de vinyles sur son propre site Internet, ou vendre sa musique de manière dématérialisé sur le Web. De plus en plus de sites proposent ainsi de vendre directement de la musique en ligne, par titre ou par album entier, à télécharger dans un format compressé (WAVE, AAC, FLAC, MP3). La notion de stock disparaissant avec cette alternative, le marché de la musique n'est désormais plus local mais mondial (vous pouvez distribuer votre musique partout). À cette échelle, il est évidemment nécessaire de mettre en place une stratégie de promotion efficace pour ne pas être noyé dans la masse des productions de contenus.

Agrégation

L'agrégation consiste à commercialiser la musique numérique auprès du grand public. Il s'agit de récupérer le son (l'audio), la pochette *(cover)* et toutes les informations nécessaires à la commercialisation de l'album, c'est-à-dire le transformer en métadonnées (informations artistiques, juridiques – droits de territoire et droits de plate-forme – et marketing associées). C'est la méthode la plus actuelle et la plus cohérente étant donné l'état du marché. Elle permet une mise en avant de projets de grande ampleur, mais aussi de ceux en développement. Pourtant, elle ne conduit pas à une valorisation maximale du produit.

L'avantage, pour l'artiste et/ou son label, est un gain de temps précieux, puisqu'il n'a qu'une seule livraison à fournir pour l'ensemble des sites. En revanche, la relation avec l'agrégateur est un partenariat purement technique ; il n'y a ni service ni suivi. Cette solution reste cependant idéale pour les petits labels et les autoproductions, car elle permet une distribution numérique pour une somme, en général, assez raisonnable.

L'agrégateur de Believe : Zimbalam

Zimbalam est un outil qui permet de distribuer ses titres sur les principales plates-formes de vente de musique (iTunes, Amazon...) et de streaming (Deezer, Spotify...), soit plus d'une trentaine de services partout dans le monde. Pour être sur Deezer en tant qu'auto-produit, le seul moyen est de passer par l'agrégateur Zimbalam, proposé par Believe. La différence entre Zimbalam et un distributeur traditionnel est que le premier propose de diffuser des albums sans critères de sélection et, bien évidemment, sans s'investir réellement dans le projet (via une communication ciblée, par exemple). Zimbalam est plutôt défini comme un service ; il y a donc un coût pour la mise en ligne de chaque album (34,99 €) ou *single* (24,99 €).

Le système est simple : Zimbalam s'occupe de récolter toutes les données de vente (et de streaming) auprès des sites concernés, vous fournit des statistiques très détaillées et vous reverse 90 % des royalties. Les ventes sont mises à jour en temps réel et le système de versement des royalties est très simple et transparent. De plus, Zimbalam propose tout un arsenal d'outils pour faire la promotion des sorties. On peut ainsi ajouter un *player* à son site, Facebook ou MySpace afin de diriger les visiteurs vers les sites de vente. Zimbalam propose également la mise en place d'un mini-site artiste avec quelques fonctionnalités très intéressantes, par exemple l'envoi d'une newsletter sur laquelle les personnes peuvent inscrire leur adresse e-mail en échange d'un MP3, ou d'un Electronic Press Kit. Pour en savoir plus : www.zimbalam.fr.

Distribution numérique

On a tendance à confondre agrégateur et distributeur. Souvent, même, on ne les dissocie pas. En plus du travail d'agrégateur, le distributeur propose du service, comme de la visibilité en termes de communication. Comme pour la distribution physique, sa rémunération est basée sur un pourcentage des revenus générés par les ventes. Le distributeur représente un catalogue significatif en termes de références et surtout de chiffre d'affaires sur les différents sites de vente. Il peut donc négocier au mieux le prix de revient d'une vente et pousser la mise en avant et la visibilité d'un titre. Les distributeurs les plus connus sont Believe, Idol, Ioda ou Wild Palms. Ils prennent une commission de 10 à 30 % sur les ventes (certains ajoutant des services supplémentaires, ainsi le site iMusician propose, en plus, la gestion des droits éditoriaux des artistes signés – plus d'informations sur www.imusiciandigital.com).

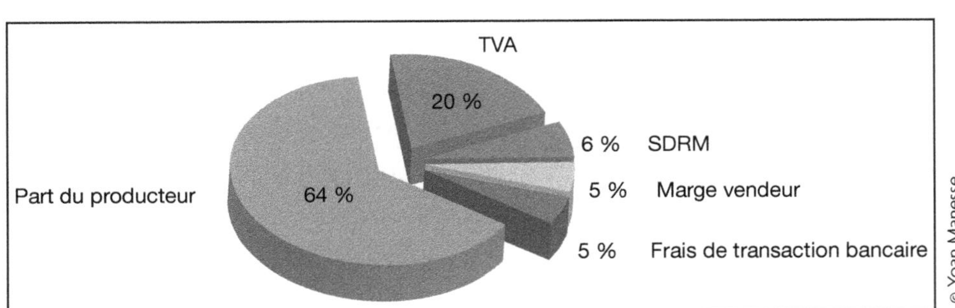

Répartition du prix moyen d'un MP3 basée sur le coût de la TVA française.
(Attention, si la vente est conclue au Royaume-Uni, une TVA à 15 % est appliquée.)

Il est important de noter que près des deux tiers du prix d'achat d'un MP3 reviennent au producteur (donc à l'artiste lui-même dans le cas d'une auto-production) si ce dernier est en direct avec la plate-forme, ou au distributeur digital qui en reversera un pourcentage (de 50 à 80 %) au producteur, ou au label ou au producteur artiste.

Concerts et *merchandising*

Le *merchandising* est la vente de produits dérivés aux couleurs de l'artiste, tels des tee-shirts, sweat-shirts, casquettes, posters, cartes postales, et des produits dits « centraux », comme les CD, vinyles et DVD. Un artiste peut réaliser des ventes lors de ses prestations ; c'est même un marché en pleine expansion, le spectateur ayant de plus en plus l'habitude d'investir dans ces produits dérivés.

En plus d'être un formidable vecteur de communication, ces ventes peuvent représenter une réelle source de revenus pour l'artiste. Il s'agit aussi, et surtout, de construire ou de renforcer la relation *direct to fan* entre l'artiste et son public. L'artiste doit donc attacher une importance toute particulière à la présentation et à l'emplacement du stand dans les espaces de diffusion, à la disposition des produits, à sa présence après le concert, bref à rendre son espace de vente le plus attractif possible.

Le choix des produits est fondamental. Hormis les produits traditionnels (tee-shirts, CD), il ne faut pas hésiter à cibler des produits plus originaux (coques de smartphone...). À noter que la plate-forme www.difymusic. com permet aux artistes de créer leur propre magasin et de gérer leurs stocks en ligne en intégrant l'ensemble de leurs réseaux (Deezer, Bandcamp, YouTube, Facebook).

Dépôts-ventes

Il existe encore en France certains disquaires indépendants (comme le réseau Starter), bien que la majorité d'entre eux ait disparu suite à la crise du disque (ils sont passés de 2 000 à la fin des années quatre-vingts à peu près 300 aujourd'hui). En fonction de sa tournée, l'artiste émergent peut les contacter afin de s'assurer d'une présence physique des albums dans les différentes villes qu'il traversera. Surnommés « bouclards » en région parisienne, on en retrouve un peu partout sur l'hexagone. Ces disquaires pratiquent très fréquemment du dépôt-vente avec des artistes indépendants et sont le plus souvent des passionnés exigeants. Dans ce modèle de distribution, il va sans dire qu'il s'agit avant tout de privilégier les magasins de sa région, cette dernière étant celle dans laquelle l'artiste en devenir a le plus gros potentiel de vente.

Notez que l'enseigne O'CD propose à ses clients une sélection de vinyles et peut, avec ses quinze magasins répartis sur toute la France, présenter une distribution tout à fait honorable pour des artistes choisissant cette forme de support.

L'autobooking

Concept général

Fichiers diffuseurs et ciblages

L'autobooking, à savoir la recherche de concerts et la vente de spectacles aux diffuseurs, est une étape particulièrement cruciale pour l'artiste en développement dans l'attente d'une éventuelle signature avec un tourneur (voir la section « Le tourneur », au chapitre 4). C'est en effet au cours de ses premières tournées qu'il va acquérir des réflexes professionnels, faire des rencontres et surtout se confronter au monde du spectacle vivant. Pour que cette première étape soit un succès, il doit l'avoir préparée (notamment lors de résidences d'artistes qui lui permettront de créer et de roder son spectacle), avoir réalisé un tour planning construit sur la même méthodologie qu'un média planning, c'est-à-dire avoir fait un travail de ciblage des diffuseurs (salles, festivals...) susceptibles d'accueillir son projet musical.

À un stade de début de carrière, il semble ainsi logique de ne pas viser la tournée des Zéniths (qui se louent, par ailleurs), mais de cibler des diffuseurs de petite catégorie, aux jauges de 200 places et moins, voire les cafés-concerts, les diffuseurs de sa région (une de leur mission étant souvent de programmer des artistes locaux), les scènes découverte que proposent beaucoup de festivals ou encore les différents tremplins existants (voir la section « Les tremplins », au chapitre 3).

La plupart des contacts des différentes structures accueillant des artistes émergents se trouvent soit sur Internet, soit dans *L'Officiel de la Musique*, véritable bible pour le métier publiée chaque année par l'IRMA (voir la section « L'IRMA », au chapitre 3). Outre les clubs privés qui subsistent un peu partout dans l'hexagone, il convient de faire appel, par exemple, aux réseaux de MJC ou des SMAC (voir ci-après).

« Il est important que les artistes puissent continuer à se produire » et que « l'État mette à leur disposition les scènes dont ils ont besoin ». – Frédéric Mitterrand, ministre de la Culture 2010-2012

« On commence d'abord par tourner dans son quartier, ensuite dans sa ville. Un peu plus tard, on fait des concerts dans sa région, puis ailleurs dans son pays, puis sur son continent, et enfin on traverse les océans. C'est le chemin ! » – Duff McKagan, ex-membre de Guns N' Roses, Velvet Revolver

> ### Les SMAC
>
> Le sigle SMAC (Scène de musiques actuelles) correspond, depuis 1998, au programme du ministère de la Culture pour la valorisation et la diffusion des musiques actuelles. Le label SMAC regroupe plus d'une centaine de lieux musicaux de petite et moyenne capacités, dédiés aux musiques actuelles/amplifiées. Jouant un rôle essentiel en termes de diffusion, ces structures mettent fréquemment à disposition un pôle information musique, des espaces de répétition, de création et d'accompagnement artistique. Les établissements SMAC s'adressent à un large public, amateurs et professionnels, notamment aux artistes en développement de carrière, qui les aident dans leur insertion au sein des réseaux de l'industrie musicale. Outre la mission de diffusion assurée par tous ces lieux, la plupart des SMAC proposent de l'accompagnement d'artistes (pour 83,3 % d'entre elles), de projets (pour 71,8 % d'entre elles), ainsi qu'un service de locaux de répétition.

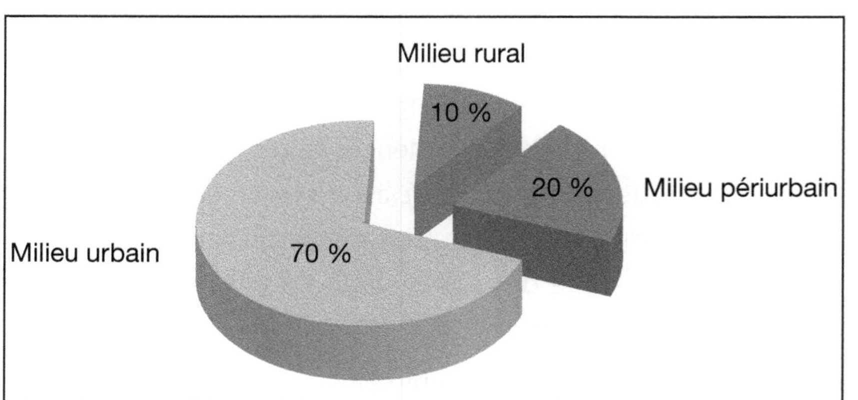

Situation géographique des SMAC en France.

Les SMAC à l'horizon 2015 vont bénéficier d'un plan de développement doté de 2,6 millions d'euros. Au moins une scène par département existera afin d'atteindre le nombre de 150 SMAC bénéficiant d'une convention de labellisation avec le ministère (il y en avait 70 en 2011).

Prospection

Une fois l'étape de tour planning effectuée, le vrai travail de prospection peut commencer. Il s'agit d'être le plus organisé et rigoureux possible et, pourquoi pas, de mettre en place une véritable stratégie. Comme pour l'étape de promotion, la prospection consiste en une forme de relation de séduction à établir avec les différents relais approchés. La plupart des programmateurs sont extrêmement sollicités et ne peuvent donc répondre à toutes les demandes. Il convient alors de retenir leur attention et surtout de travailler de manière méthodique et adaptée dans la relation au diffuseur ciblé. Le processus est relativement simple et peut se résumer ainsi :

tour planning / contact / relance

Que ce soit par e-mail, par courrier envoyé ou remis en mains propres, le pack promo à transmettre au programmateur doit être irréprochable et exhaustif. Véritable carte d'identité, il doit être à l'image de ce qu'est l'artiste.

Pour un envoi postal, prévoir :

- un CD ;
- une biographie avec photos et contacts ;
- une fiche technique, un *rider* (voir ci-après) ;
- des *goodies*, des affiches et flyers.

Pour un envoi par e-mail, prévoir :

- des liens d'écoute récents ou, mieux encore, des liens vidéo ;
- une biographie avec photos et contacts ;
- une fiche technique, un *rider*.

Contrats et fiche technique

En amont d'un contrat d'engagement (contrat de travail entre artistes et diffuseur) ou d'un contrat de cession (contrat de vente avec un diffuseur), les documents à fournir à la salle sont :

- une fiche technique comportant :
  - le plan de scène : c'est un document présentant la disposition de l'ensemble des éléments techniques constituant votre scène idéale, soit l'emplacement de vos retours, de la batterie, du ou des amplis, du clavier, du chant 1 et 2, etc. ;
  - le détail de votre patch son ou la disposition du circuit son (retours + système de diffusion) ;
  - le plan de feu de l'artiste (le circuit lumière, appelé aussi « grill ») ;
  - le *backline* demandé (matériel sur scène : micros, amplis...) ;
- le *rider*, c'est-à-dire le détail des conditions d'accueil, appelées également « VHR » (voyage-hébergement-repas).

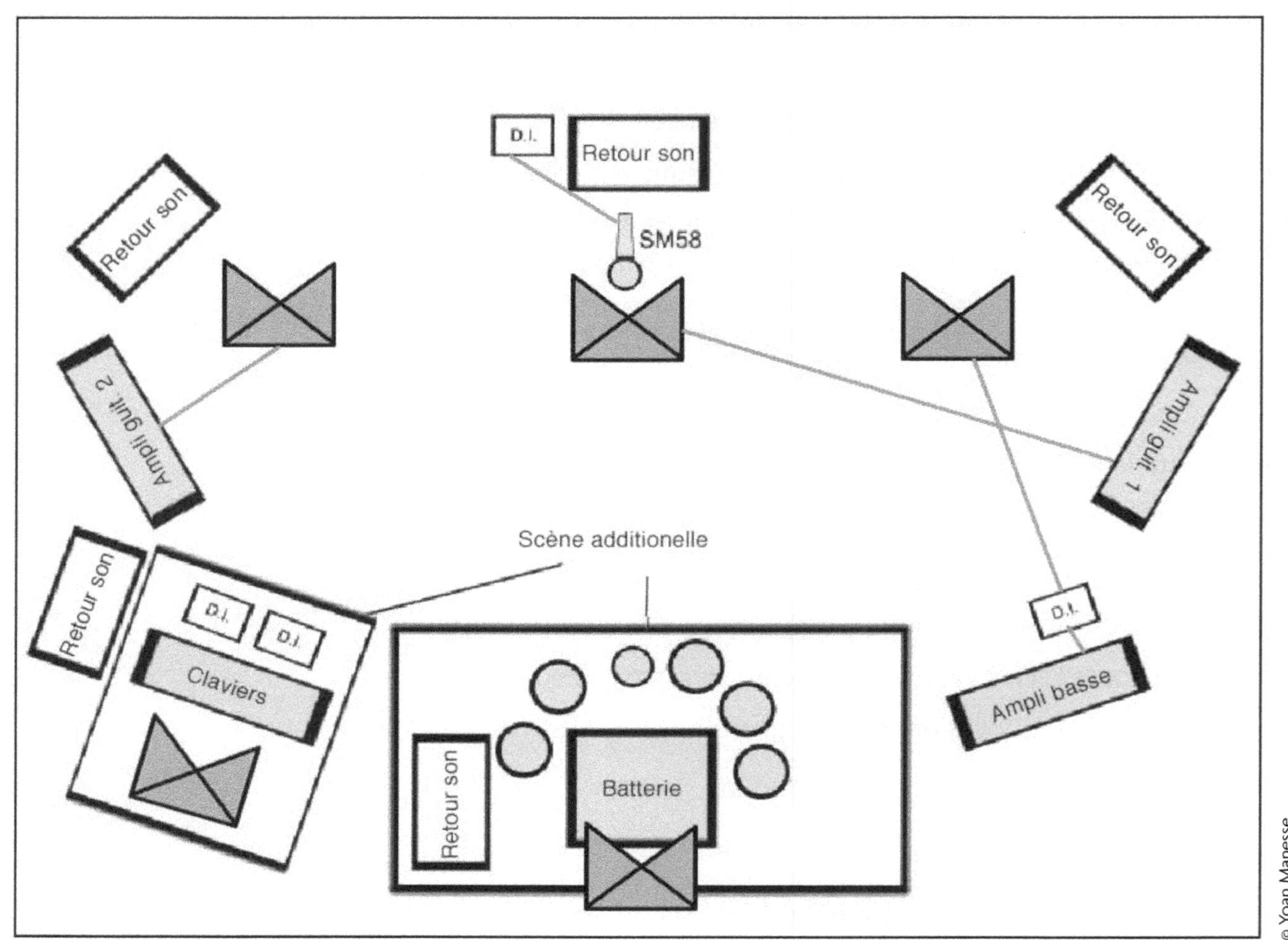

Exemple d'un plan de scène.

Logistique : transport du matériel

Il existe plusieurs formules, la plus classique étant la location d'un camion conçu pour les tournées – attention à ne pas oublier de souscrire aux assurances adaptées à ces déplacements et activités. Il est fortement conseillé de construire un *tour/road book* réunissant toutes les informations indispensables à la bonne entreprise de la tournée, c'est-à-dire un document regroupant l'ensemble des déplacements et des itinéraires, les dispositions liées à l'hébergement, les feuilles de route de chacune des prestations – les feuilles de route ou *information sheets* rassemblent les informations en rapport à l'organisation d'un concert, soit les *get in* et *get out* (heure d'arrivée et de départ), les horaires de balances, de concerts, de repas, les coordonnées des salles, etc.

Nouveaux dispositifs d'autobooking

De nouveaux dispositifs constituant autant de solutions nouvelles pour trouver des opportunités de concerts et *showcases* sont apparus récemment.

Plan Concert

Sur ce site, les organisateurs de concerts peuvent déposer des annonces pour proposer à des artistes de se produire. Il a l'avantage d'être national et offre un large éventail de possibilités de concerts. Les artistes peuvent y créer leur propre page, véritable carte de visite pour programmateur curieux de nouveautés. Pour plus d'informations : www.planconcert.com.

Beelivers

Le concept de ce site est de réclamer des concerts de ses artistes préférés dans sa ville. Demandez un artiste ou un groupe en concert près de chez vous : plus il y a de Beelivers, plus il y a de chances qu'un concert y soit organisé. C'est un véritable outil statistique pour programmateur qui inverse le processus classique, car il ne se base plus sur l'offre de concerts mais sur la demande des spectateurs. Pour plus d'informations : www.beelivers.com.

Koalitick

Koalitick permet de concrétiser des projets de concerts par l'achat de billets en ligne. À la croisée du financement participatif et de la billetterie en ligne, ce site permet de préréserver ses places pour des projets de concerts qui sont confirmés dès qu'un nombre suffisant de places a été commandé. Pour plus d'informations : www.koalitick.com.

Amateur ou professionnel ?

Le décret n° 53-1253 du 19 décembre 1953 est le texte réglementant le statut des artistes amateurs dans le spectacle vivant. Il s'attache à définir la notion de « groupement d'amateurs » comme suit :

« Est dénommé "groupement d'amateurs" tout groupement qui organise et produit en public des manifestations dramatiques, dramatico-lyriques, vocales, chorégraphiques, de pantomimes, de marionnettes, de variétés, etc., ou bien y participe, et dont les membres ne reçoivent, de ce fait, aucune rémunération mais tirent leurs moyens habituels d'existence de salaires ou de revenus étrangers aux diverses activités artistiques des professions du spectacle. »

Ce décret permet donc aux amateurs de déroger à la présomption de salariat et de pouvoir ainsi s'adonner librement à la pratique de leur passion. Il est important de noter que même la notion de défraiement de type forfaitaire peut être aussi assimilée par l'Urssaf à un salaire déguisé, mais qu'il est possible de rembourser les frais réellement engagés par l'artiste sur une base dite « au franc le franc », soit en accord avec les conventions fixées par l'Urssaf et sur présentation des justificatifs (notes de péages, d'essence, nuitées d'hôtel, etc.).

L'autoédition
Cadre juridique : les droits d'auteur

Le droit d'auteur est la législation qui reconnaît des droits aux auteurs, compositeurs, arrangeurs et éditeurs de musique (voir la section « L'éditeur de musique », au chapitre 4) en les protégeant de toute contrefaçon et en leur offrant une rémunération sur la base de la diffusion de leur travail. En France, cette législation est basée sur le droit moral et les droits patrimoniaux (voir la section « Droits d'auteur et Sacem », au chapitre 2).

Remarque

C'est Beaumarchais qui est à l'origine de la première loi reconnaissant la notion de droit d'auteur en 1791.

L'expression « droits d'auteur » vise le créateur de l'œuvre artistique et signifie qu'il détient certains droits spécifiques sur son œuvre, y compris celui de pouvoir l'exercer et l'utiliser comme bon lui semble. Pour ce faire, il s'inscrit dans une société de gestion collective, en l'occurrence la Sacem (Société des auteurs, compositeurs et éditeurs de musique).

Quelques définitions

Œuvre : création pouvant être répétée et multipliée, réalisée par un auteur/créateur.

Auteur : personne physique faisant une création de forme originale par des paroles.

Compositeur : personne physique composant la ligne mélodique d'une œuvre, que celle-ci soit instrumentale ou accompagnée de paroles.

Arrangeur : personne physique finalisant les arrangements, véritable habillage de la ligne mélodique d'une œuvre. À noter que l'on peut être à la fois compositeur et arrangeur.

Adaptateur : personne physique réalisant la transposition de paroles d'une œuvre d'une langue à l'autre, mais aussi des remix ou des reprises.

Protection des œuvres

Plusieurs types de protections sont possibles, par différents organismes et autorités ou par l'envoi d'un simple courrier en recommandé. En s'inscrivant par exemple à la Sacem, l'artiste protège ses œuvres, ce qui leur confère existence et antériorité. L'ensemble des droits d'auteur transitant par la Sacem, il est donc nécessaire pour un auteur d'y adhérer, moyennant le paiement d'un droit d'entrée à vie de 127 € afin de pouvoir toucher les revenus issus de l'exploitation de ses œuvres. Quelques critères sont indispensables pour adhérer à la Sacem :

- avoir composé ou écrit au moins cinq œuvres ;
- justifier d'un début d'exploitation d'au moins une de ces œuvres (soit par un minimum de cinq diffusions publiques sur plus de six mois, soit par un enregistrement sur un support distribué en points de vente) ;
- remettre avec les bulletins de déclaration disponibles à la Sacem (voir document page suivante) les manuscrits des œuvres (partition et/ou texte) ou un enregistrement sonore (CD-R...).

Sacem Plus

Entièrement gratuit et accessible à tous les sociétaires de la Sacem, Sacem Plus propose une sélection d'offres privilégiées auprès de certains partenaires tels que :

- la formation (IRMA...) ;
- la location de studios (Quickstudio.com...) ;
- le matériel et les instruments (Apple, Paul Beuscher...) ;
- l'abonnement à certains médias (*Les Inrockuptibles*, *La Scène*...) ;
- le transport et l'hébergement (Sixt, Taxis G7, hôtels Campanile et Kyriad...).

Hormis le dépôt à la Sacem, l'artiste peut aussi :

- s'envoyer un pli en recommandé avec accusé de réception, qui devra contenir les textes, les partitions et/ou un support sonore ;
- effectuer un dépôt auprès de l'INPI (Institut national de la propriété industrielle) à l'aide d'enveloppes « Soleau » dans lesquelles les œuvres seront placées (le coût est de 15 € par enveloppe) ;
- déposer ses œuvres auprès du SNAC (Syndicat national des auteurs et des compositeurs) pour une durée de cinq ans et pour un coût de 34 € ;
- déposer des œuvres auprès de la SCAM (Société civile des auteurs multimédias) ;

Adresses utiles

INPI
15, rue des Minimes
92677 Courbevoie Cedex
www.inpi.fr

SCAM
5, rue Velasquez
75008 Paris
01 56 69 58 58

SNAC
80, rue Taitbout
75009 Paris
01 48 74 96 30

Sacem
225, av. Charles-de-Gaulle
92528 Neuilly-sur-Seine
Cedex
01 47 15 47 15
www.sacem.org
declaration.oeuvre@sacem.fr

sacem

Bulletin de déclaration

(Créateur unique)

Titre de l'oeuvre *

Sous-titre.............

A

Durée * h m s Mouvement métronomique

Genre *

Destination de l'arrangement **1**

Oeuvre extraite du film ....

Référence de l'enregistrement

Date de la première diffusion

Lieu ou diffuseur

B

Nom *

Prénom *

Pseudonyme

Code international **2**

COAD **2**

Pour cette oeuvre je suis **3**

☐ Compositeur %

☐ Auteur %

☐ Arrangeur %

☐ Adaptateur %

Total = 100,00 %

1 Destination de l'arrangement. Types d'exploitation pour lesquels l'arrangeur est autorisé à recevoir des droits d'auteurs.

2 "Code international" ou "COAD" (COmpte Ayant Droit). Inscrivez le ou les codes qui figurent sur votre carte d'adhérent ou sur vos feuillets de répartition.

3 "Répartition en % des droits de reproduction" (reproduction sur tous supports sonores et audiovisuels).

* Fait à ....

le ....

Signature

Les renseignements marqués d'une * sont obligatoires.

Société des Auteurs, Compositeurs et Éditeurs de Musique
Société civile à capital variable - 775 675 739 - RCS Nanterre
225 av Charles de Gaulle - 92528 NEUILLY SUR SEINE CEDEX
www.sacem.fr

715 - 04/2007

3 760032 630220

© Sacem – www.sacem.fr

Bulletin de déclaration Sacem – Créateur.

- déposer ses œuvres sur un principe de *Creative Commons* (voir la section dédiée au chapitre 2).

Développement des droits et notion de synchronisation

De plus en plus répandue à la fois pour servir de *push-up* (de pousseur) à la notoriété d'un artiste, mais aussi dans un but plus commercial de rentabilité immédiate, la notion de « synchronisation » a pris place dans l'industrie musicale. Il s'agit de synchronisation de musique sur de l'image en mouvement, c'est-à-dire le placement d'une œuvre musicale dans un film cinématographique, un film publicitaire, un jingle TV, un jingle radio, un jeu vidéo, une musique de DVD, etc.

L'artiste peut s'autoéditer, aller chercher par lui-même de la synchronisation pour ses œuvres et donc se substituer à l'éditeur de musique. Néanmoins, ce travail nécessite un véritable réseau… Pour commencer, l'artiste devra tisser des liens avec d'autres jeunes créateurs issus du monde de l'image, comme des cadreurs, des réalisateurs, des graphistes.

Les financements

Vendre sa musique, et notamment la musique enregistrée, est de plus en plus difficile. Il existe cependant en France de nombreux organismes qui peuvent vous venir en aide pour le développement d'un projet, sous conditions et en complément de votre financement.

Financement par subventions publiques : DRAC et collectivités territoriales

Plusieurs organismes aident à financer des projets. En premier lieu, l'artiste peut solliciter l'État via les DRAC (Directions régionales des affaires culturelles) mais aussi les collectivités territoriales. Régions, départements, communes et communautés de communes développent souvent, sous des formes variées, des aides à la création artistique. Les secteurs où ces collectivités choisissent d'intervenir dépendent de leurs politiques culturelles.

À savoir

Le nouveau site « Monprojetmusique.fr », initié par des organismes professionnels comme la Sacem, recense les différentes sources de financement possibles dédiées aux projets musicaux. Plus d'informations sur le site www.monprojetmusique.fr.

Les artistes bénéficiant d'une bonne implantation locale et créant des projets qui mettent en valeur les richesses culturelles du territoire peuvent essayer d'intéresser les services culturels de ces collectivités afin de solliciter des subventions.

Financement par subventions des organismes professionnels

Ces solutions sont réservées aux artistes disposant d'un statut professionnel, enregistrés auprès d'une société civile et pouvant justifier d'un certain niveau de distribution. Plusieurs organismes sont concernés. Selon le Code de la propriété intellectuelle, les sociétés de perception et de répartition des droits sont en effet tenues de reverser une partie des sommes récoltées au titre de la copie privée sous forme d'aides à la création, à la diffusion du spectacle vivant et à la formation (pour plus d'informations, reportez-vous au chapitre 2, « Les organismes professionnels »).

Le « bon SDRM »

Il s'agit du bulletin de déclaration obligatoire que vous devez adresser à la SDRM (Société pour l'administration du droit de reproduction mécanique) avant le pressage de votre CD. Ce document contient le nom du producteur, de l'association ou de l'artiste seul, les coordonnées du fabricant, le titre et la référence du phonogramme, des précisions sur l'œuvre (album ou CD *single*), le nombre d'exemplaires destinés à la vente et à la distribution gratuite (20 % sont autorisés en distribution gratuite) ainsi que le prix de vente hors taxes. Cette opération est payante : la redevance versée à la SDRM à cette occasion représente autour de 8 % du prix de vente au détail du CD ; soit environ 220 € pour 300 disques en vente au prix moyen de 9 € TTC.

Si vous êtes sociétaire de la Sacem, vous pouvez récupérer 80 % de cette redevance. La demande de remboursement doit être effectuée auprès de la Sacem qui se tournera par la suite vers la SDRM. Cette dernière effectue une répartition des sommes qu'elle perçoit au premier niveau, c'est-à-dire aux sociétés associées qui lui ont confié la charge d'autoriser en leur nom la reproduction des œuvres de leurs répertoires (Sacem, SACD, SCAM, SGDL et AEEDRM) ; à charge pour ces sociétés de répartir ces sommes à un second niveau, c'est-à-dire directement aux ayants droit concernés.

Les sociétés civiles

La Sacem. La Société des auteurs, compositeurs et éditeurs de musique (voir la section « Rôle central de la Sacem », au chapitre 2) dispose de plusieurs dispositifs de soutien réservés à ses adhérents. Grâce au fonds d'aide à l'autoproduction phonographique, 3 000 € peuvent être versés aux adhérents qui souhaitent autoproduire leur premier et/ou deuxième enregistrement. L'enregistrement doit être composé d'au moins six titres (ou durer 40 minutes au minimum) et au moins 500 exemplaires doivent être réservés à la vente. En outre, les droits de reproduction mécanique doivent avoir été acquittés auprès de la SDRM (Société pour l'administration du droit de reproduction mécanique).

Par ailleurs, un fonds d'encouragement à la musique vivante valorise les revenus des jeunes artistes dont la carrière est en développement. Les adhérents dont les droits d'auteur perçus l'année précédant le versement du fonds sont inférieurs à 3 000 € peuvent en bénéficier. Côté conditions, les œuvres doivent être déclarées à la Sacem, être originales et relever du répertoire des musiques actuelles.

Enfin, un fonds d'aide aux résidences a été créé en vue d'encourager l'association des auteurs-compositeurs avec des structures de formation (conservatoires, écoles de musique), de production et de diffusion (orchestres et ensembles, scènes conventionnées, théâtres missionnés). La résidence doit durer au minimum deux mois et aboutir à la réalisation d'un projet musical et de prestations complémentaires : ateliers, master class, conférences... Un minimum de 10 % des frais de résidence est alors pris en charge. Attention : la demande doit émaner de la structure, non de l'artiste ! Plus d'informations sur www.sacem.fr.

L'Adami. La société civile pour l'Administration des droits des artistes et musiciens interprètes (voir la section « Sociétés civiles des artistes interprètes » au chapitre 2) dispose d'un budget de treize millions d'euros et finance près d'un millier de projets sur le territoire national. Plus de 60 % de ces aides sont attribuées à des projets en lien avec la musique. L'institution apporte ainsi une aide précieuse à l'organisation de festivals et de spectacles vivants, mais aussi à l'enregistrement, aux premières parties et à la formation.

La Spedidam. La Société française de perception et de distribution des droits des artistes interprètes de la musique et de la danse (voir « Sociétés civiles des artistes interprètes », au chapitre 2) reverse une partie de ses rémunérations pour l'aide à la création, la diffusion de spectacles vivants et la formation d'artistes. En 2013, près de quinze millions d'euros ont ainsi affectés à ces actions. Ce soutien financier n'intervient

Attention

Ces aides ne sont octroyées que dans le but de boucler un budget et non de l'amorcer. De plus, elles ne concernent que les structures de droit privé (association, SARL, EURL). Depuis janvier 2009, les dossiers de demande doivent être remplis sur le site de l'Adami, à partir d'un espace personnel sur lequel vous devez vous enregistrer. Plus d'informations sur www.adami.fr.

qu'en complément de l'apport du producteur ou de l'artiste producteur, des recettes et des aides éventuelles des pouvoirs publics.

La Spedidam a donc vocation à aider à boucler un budget, non à l'amorcer. Pour bénéficier d'une subvention pour un spectacle vivant, un projet de formation, la réalisation d'un DVD ou un déplacement à l'étranger, une demande doit être faite auprès de la division culturelle de la Spedidam. Les commissions d'agrément se réunissent tous les mois (juillet et août exceptés). Pour plus d'informations : www.spedidam.fr.

La SCPP. La Société civile des producteurs phonographiques (voir la section « Sociétés civiles des producteurs phonographiques », au chapitre 2) consacre une partie de ses rémunérations à des actions d'aide à la création, à la diffusion du spectacle vivant et à la formation d'artistes. En 2012, elle disposait d'une enveloppe supérieure à onze millions d'euros tirée de ses perceptions et de la copie privée pour assurer cette mission. Près de 90 % de cette enveloppe sont généralement attribués aux producteurs phonographiques, le reste étant réparti entre différents organisateurs de spectacles et institutions.

Une commission examine chaque mois les dossiers de demandes de subventions et les soumet au conseil d'administration pour décision. Les subventions sont attribuées aux producteurs de phonogrammes, sociétaires de la SCPP ou non, et à des associations gérant des opérations d'intérêt collectif. À noter que près de 80 % des demandes reçoivent une réponse positive. Pour plus d'informations : www.scpp.fr.

La SPPF. La Société civile des producteurs de phonogrammes en France (voir « Sociétés civiles des producteurs phonographiques », au chapitre 2) est une société créée par des producteurs indépendants pour répartir les droits des producteurs indépendants. Elle consacre une partie de ses rémunérations à des actions d'aide à la création, à la diffusion de spectacles et à la formation. Ne peuvent en bénéficier que les producteurs adhérents. Les aides concernent la création de clips vidéo, DVD musicaux et CD (à l'exclusion des *lives*, compilations et albums de reprises contenant moins de 50 % de titres originaux), l'organisation de tournées et la promotion marketing (jusqu'à douze mois après commercialisation du disque).

En fonction du projet, l'aide est plafonnée à 10 000 € ou 15 245 € et ne peut dépasser 30 à 50 % du budget total. Entre autres conditions, il faut savoir que la distribution du phonogramme doit être effectuée par un professionnel au niveau national.

Les subventions de la SPPF sont cumulables avec celles des autres organismes (dans la limite de 250 000 € par an et par producteur), à l'exception de celles de la SCPP. Plus d'informations sur www.sppf.com.

Les fonds de soutien

(Voir aussi la section « Les fonds de soutien », au chapitre 2.)

Le FCM. Regroupant notamment l'ensemble des sociétés civiles de perception et de répartition des droits (Sacem, SACD, Adami, Spedidam, SCPP, SPPF), le Fonds pour la création musicale est une association d'aide à la création musicale au sens large : spectacle vivant, tournées export, festivals en France et à l'étranger, production et distribution, formation d'artistes, vidéos de musique, DVD et audiovisuel musical. En fonction du projet, le soutien du FCM atteint de 15 à 30 % du budget pour un montant plafond variant de 7 500 à 30 000 €. Plus d'informations sur www.lefcm.org.

Le CNV. Le Centre national de la chanson des variétés et du jazz est un fonds de soutien spécifique à la scène. Il faut en être adhérent depuis au moins un an avant de pouvoir solliciter une aide financière. Plus d'informations sur www.cnv.fr.

Autofinancement

Prévente directe d'albums

Il s'agit pour l'artiste de donner un aperçu à ses fans du futur album à sortir, contre une participation financière, dans le but d'effectuer une levée de fonds nécessaire au lancement de son projet. C'est la forme la plus absolue de *direct to fan* pour un artiste, car elle se déroule sans aucun intermédiaire.

La prévente directe d'albums (interview)

Pour financer la production de notre album, nous nous sommes inspirés de ce que faisait MyMajorCompany. (Nous ne souhaitions pas passer par ce site, car il nous semblait impossible de collecter les 100 000 € requis.) Comme on avait les chansons, le réalisateur (Shanka, de No One Is Innocent) et un accord de principe pour un contrat de distribution, il fallait qu'on aille très vite. Nous disposions déjà d'une *fan base* conséquente, à laquelle on a proposé de nous aider à financer l'album. L'idée était simple : chacun donnait ce qu'il souhaitait et, en échange, nous leur offririons l'album *4.21* en avant-première, lors d'un concert acoustique exclusif, et leur nom sur la pochette ! Nous avons baptisé ces contributeurs les « Emmêleurs » (jeu de mots avec notre nom, « SopHia s'en mêle ») et les avons tenus au courant de toutes les avancées du projet via une newsletter et des vidéos. Certains ont pu assister à des répétitions, venir en studio, participer à des balances d'avant-concert. L'idée était de créer une relation ultra privilégiée avec ces donateurs.

Les retours ont été très positifs puisque plus de 200 personnes nous ont aidés, avec un don moyen de 30 €. Cela a financé l'enregistrement de l'album. Ces personnes nous ont aussi apporté une aide considérable après la sortie de l'album en diffusant nos messages (les titres, les clips, les invitations de concert). L'autre retombée positive a été l'écho que cette opération a eu dans la presse. Toutes les interviews que nous avons données parlaient de cette souscription. C'était, pour les journalistes, un concept original.

Romain Charie, chanteur de SopHia s'en mêle

Crowdfunding

De nombreux sites en France, tels MyMajorCompany, Buzz My Band, Indigo, Ulule ou encore KissKissBankBank, proposent la mise en place, tant légale que structurelle, d'une action de *crowdfunding* pour des projets musicaux. Ce financement participatif tire son origine du milieu artistique. Les peintres ou créateurs de mode ont toujours fait appel aux mécènes, bienfaiteurs anonymes qui soutiennent financièrement un projet artistique. Le *crowdfunding*, qui signifie « financement par la foule », est facilité par l'utilisation du réseau Internet. Il est directement inspiré par le principe de *crowdsourcing*, c'est-à-dire le recours pour l'élaboration de projets à des ressources intellectuelles ou financières.

La référence mondiale est le site Kickstarter, créé en 2009, précurseur dans le domaine. Il donne la possibilité aux internautes de financer des projets encore au stade de simple idée, en réduisant les lourdeurs associées aux modes traditionnels d'investissement. Il ne s'agit pas d'un investissement au sens propre du terme mais d'un « soutien », en échange duquel les internautes reçoivent des récompenses tangibles de la part de l'équipe (ou de la personne) en charge du projet, des contreparties en nature, comme une lettre de remerciement, un tee-shirt personnalisé, un dîner avec un artiste, ou l'un des premiers produits d'une nouvelle chaîne de production. La récompense peut varier en fonction des montants fournis par les *backers* (les soutiens). Depuis son lancement, Kickstarter a ainsi financé un large éventail de projets (plus de 60 000 en juillet 2012).

Il existe une méthodologie pour optimiser ses opérations de *crowdfunding*, elle est basée sur :

« Plutôt que de signer sur un label, prendre leur avance et m'asservir pour un contrat, j'ai eu l'argent moi-même ! J'ai utilisé Kickstarter. » – Amanda Palmer, chanteuse américaine ayant récolté 1 192 793 dollars en 2012 alors qu'elle n'en espérait que 100 000.

- une communication vidéo (il s'agit pour vous de produire une vidéo de 30 à 45 secondes qui saura présenter le projet à votre communauté) ;
- la constitution d'une solide liste de diffusion (on considère à ce sujet qu'il faut en moyenne 2 000 contacts pour un retour optimal) ;
- la maîtrise et l'optimisation de vos réseaux sociaux ;
- la création de récompenses, le public étant toujours heureux de se voir offrir des faveurs au caractère unique, comme des avant-premières, des rencontres, etc.

Sachez néanmoins qu'un minimum de 30 % des donations viendra de vos réseaux professionnels et personnels dits du « premier cercle », et qu'il est primordial pour la réussite d'une telle opération de ne surtout pas confondre sollicitation et mendicité.

MyMajorCompany. Label participatif et communautaire de financement de projets destiné aux musiciens, le site est précurseur en France. Il a marqué les esprits avec la sortie du premier album de Grégoire, en 2009, ou encore celui de Joyce Jonathan en 2010. Depuis 2012, l'activité de MyMajorCompany est scindée entre un label de musique et une plate-forme participative.

Pour démarrer un projet, outre l'inscription, il s'agit de récolter 100 000 €. En achetant des « parts de contribution » dans un projet d'album d'un ou plusieurs artistes, les internautes participent au développement et au lancement d'un artiste et de son album et deviennent en quelque sorte actionnaires (coproducteurs) dans le projet. Il est intéressant de noter qu'il est désormais possible de définir son projet et son budget via le site www.mymajorcompany.com.

Buzz My Band. Label participatif et communautaire de financement de projets destiné aux musiciens. Le montant à récolter est laissé libre à l'artiste qui répartit ensuite la somme pour monter son projet. Certains labels font également appel à ce site pour boucler leurs budgets (Roy Music...). Pour plus d'informations : www.buzzmyband.com.

KissKissBankBank. Plate-forme communautaire de financement de projets destinée aux réalisateurs, aux musiciens, aux designers, aux développeurs, aux dessinateurs, aux explorateurs, aux écrivains, aux journalistes... Le montant à récolter est laissé libre à l'artiste qui répartit ensuite la somme pour monter son projet.

Pour plus d'informations : www.kisskissbankbank.com.

> ## Le *crowdfunding* (interview)
>
> La révolution numérique a bouleversé les usages et les habitudes de consommation, la démocratisation du Web ayant notamment donné une nouvelle place à l'utilisateur et redistribué les rôles. À dire vrai, ce qui a changé la donne n'est pas tant l'apparition de services et produits nouveaux (le XXᵉ siècle a été aussi riche en innovations) mais l'ampleur de leur succès et leur vitesse de propagation. Nous basculons dans un environnement numérique depuis lequel nous assistons au développement exponentiel de solutions alternatives de financement et de diffusion s'appuyant sur le public, que cela soit le *crowdfunding*, les communautés créatives et collaboratives ou l'utilisation des licences *Creative Commons*.
>
> **Internet offre la possibilité d'être acteur et de soutenir ce que l'on aime.**
>
> Avec les solutions de *crowdfunding* ou les licences *Creative Commons*, une grande tendance structurante fait son apparition : le rapprochement des artistes et du public. Les sites de financement participatif permettent aujourd'hui à tout un chacun de contribuer à la création artistique, en se basant sur ces principes simples : si l'on se rassemble pour donner, même un peu, on multiplie l'impact de nos contributions ; l'aide est non seulement concrète et matérialisée (un nom, un visage, un projet à soutenir et un suivi), mais l'internaute peut aussi s'impliquer davantage en participant à la promotion de son artiste préféré.
>
> **536 plates-formes de *crowdfunding* à travers le monde.**
>
> En 2012, plus de 65 plates-formes de financement participatif ont été fondées dans plus de 18 pays différents autour du monde. Des Pays-Bas aux Philippines, en passant par l'Espagne, le phénomène ne se dément pas et s'affirme toujours davantage comme une alternative à la crise financière. Les plates-formes mettant la créativité à l'honneur poussent comme des champignons : sur les nouveaux sites, 80 % ont pour cible la promotion de projets artistiques.
>
> En France, c'est MyMajorCompany qui a popularisé la dimension participative en rencontrant le succès dès son premier artiste financé et lancé : le chanteur Grégoire. Aujourd'hui, les sites d'intermédiation fleurissent, même si beaucoup ont quelque peine à trouver leur équilibre. Les sites comme Babeldoor, KissKissBankBank ou Ulule, en France, légitiment par le nombre de projets financés la pertinence de leur rôle. Mais c'est une nouvelle fois aux États-Unis que le phénomène a véritablement pris de l'ampleur. Un site comme Kickstarter a réussi à devenir un point de rencontre évident et peu coûteux entre un public en quête de contenus culturels de qualité et originaux et des créateurs en quête de financements. La plate-forme, comme le dit son slogan, est devenue « la nouvelle voie pour découvrir, financer et suivre les bonnes idées ». Lorsque l'on a une bonne idée, on va sur Kickstarter, et lorsque l'on souhaite connaître les bonnes idées, l'on s'y rend également. Ils mettent ainsi en pratique l'idée de mutualisation des dépenses de communication : lorsqu'un projet réussit sa collecte, sa notoriété rejaillit sur les autres. C'est aussi, pour le public, la fin du monopole des grands studios et Majors qui voudraient modeler nos goûts. Sur la plate-forme, les choix sont transparents, il est possible de savoir qui a donné à qui et pourquoi, l'interaction est totale et directe.
>
> Nicolas Dehorter, www.leguideducrowdfounding.com

Les structures adaptées au *do it yourself*

Remarque

Cette section ne dresse qu'un panorama général ; pour plus de détails sur ces structures (hors associations), reportez-vous au livre *Choix de la forme juridique*, paru aux éditions ECM.

La production de disques ou de musique enregistrée et l'organisation de spectacles (ou la vente) nécessite un cadre juridique adapté. La structure permettant de mener à bien ces activités est soit une structure commerciale, soit une association. Il s'agit de bien distinguer si le but est le profit ou le développement, avant de choisir la structure la mieux adaptée à son projet.

Cadre lucratif, les formes commerciales

SARL

La SARL (Société à responsabilité limitée) est dirigée par un ou plusieurs gérants, nommés parmi les associés ou en dehors. Les associés se réunissent au minimum une fois par an en assemblée générale ordinaire. La nomination ainsi que la révocation du gérant, l'approbation annuelle des comptes et les décisions ordinaires se prennent en assemblée générale ordinaire à la majorité simple (50 %). Les décisions entraînant une modification des statuts se prennent en assemblée générale extraordinaire à la majorité des deux tiers des voix ; la minorité de blocage est donc d'un tiers. Les associés ont la possibilité d'adopter un statut de salarié s'ils sont minoritaires ou égalitaires. La SARL est soumise à l'impôt sur les sociétés. La rémunération éventuellement versée au(x) dirigeant(s) étant déductible du résultat (sauf option à l'impôt sur le revenu).

Statut fiscal des dirigeants. La rémunération perçue par le gérant en contrepartie de l'exercice de son mandat social suit le même traitement fiscal qu'un salaire. Le gérant est donc imposé à l'impôt sur le revenu dans la catégorie des traitements et salaires, et bénéficie de la déduction forfaitaire de 10 %. Pour la société, la rémunération versée au gérant constitue une charge déductible.

Dans les SARL ayant opté pour le régime fiscal des sociétés de personnes, les rémunérations versées aux gérants associés ne sont pas déductibles des bénéfices sociaux, sont rattachées à la quote-part des bénéfices revenant aux intéressés en leur qualité d'associés et sont soumises à l'impôt sur le revenu dans la catégorie des BIC (bénéfices industriels et commerciaux) et BNC (bénéfices non commerciaux).

Statut social des dirigeants. Le gérant majoritaire est exclu du régime général de la Sécurité sociale. Il est soumis au même régime social que les employeurs et travailleurs indépendants et doit donc cotiser à trois caisses : l'une pour l'assurance maladie (RSI), l'une pour l'assurance vieillesse et à l'Urssaf pour les allocations familiales. Le gérant minoritaire est un mandataire social, et non pas un salarié. Toutefois, au regard du régime social, le gérant minoritaire ou non associé qui est rémunéré est assimilé à un salarié. À ce titre, il bénéficie du même régime de protection sociale que les salariés et, corrélativement, sa rémunération supporte les cotisations sociales.

Montant du capital :

- librement fixé par les associés ;

- apport en nature ou en numéraire ;

- pour les apports en numéraire : obligation de libérer le 5ᵉ des apports lors de la constitution, le reste devant être levé dans les cinq ans.

Qualité des membres et nombre minimal. Minimum un associé et maximum 100. Les associés sont propriétaires de la société à concurrence de leur apport au capital.

Régime fiscal de l'entreprise. Soumission aux impôts commerciaux (IS, TVA, TP).

Démarches.

1. Insertion de l'avis de constitution dans un journal d'annonces légales.

2. Déclaration de conformité (énumération de toutes les démarches effectuées et affirmation du respect des règles de constitution) auprès du greffe du tribunal de commerce.

3. Dépôt au greffe du tribunal de commerce des statuts, des actes de nomination des personnes membres des organes de gestion, de la déclaration de conformité.

4. Insertion au *Bulletin officiel des annonces civiles et commerciales*.

5. Immatriculation au Registre du commerce et des sociétés (RCS) auprès du greffe du tribunal de commerce.

EURL

L'EURL (Entreprise unipersonnelle à responsabilité limitée) est une SARL ne comprenant qu'un seul associé. Sa responsabilité est limitée au montant de son apport. L'associé unique est obligatoirement affilié au régime des TNS (travailleurs non salariés).

Statut fiscal des dirigeants. Si l'associé unique est une personne physique, les bénéfices sociaux sont constatés au niveau de la société, mais entrent dans la déclaration d'ensemble des revenus de l'associé, dans la catégorie des bénéfices industriels et commerciaux (BIC) pour une activité commerciale ou artisanale ou des bénéfices non commerciaux (BNC) pour une activité libérale. Si l'associé unique est une personne morale (SA, SARL, etc. – sauf EURL), la société est obligatoirement soumise à l'impôt sur les sociétés.

Statut social des dirigeants. Le gérant associé est soumis au régime des travailleurs non salariés. Le gérant non associé non rémunéré n'est pas soumis à un régime obligatoire de protection sociale. Le gérant non associé rémunéré est soumis au régime général de la Sécurité sociale. Pour les apports en numéraire : obligation de libérer le cinquième des apports lors de la constitution, le reste devant être levé dans les cinq ans.

Qualité des membres et nombre minimal. Un seul associé (personne physique ou morale à l'exception d'une autre EURL).

Régime fiscal de l'entreprise. Principe : les bénéfices sociaux sont constatés au niveau de la société mais entrent dans la déclaration d'ensemble des revenus de l'associé, dans la catégorie des bénéfices industriels et commerciaux (BIC) pour une activité commerciale ou artisanale, ou des bénéfices non commerciaux (BNC) pour une activité libérale. Une option est possible pour l'impôt sur les sociétés (IS). Elle peut être exercée dès la création de la société. Cette option est irrévocable.

Démarches.

1. Déposer le capital après nomination, dans les huit jours, à la Caisse des dépôts ou chez un notaire. Le dépositaire débloquera les fonds sur présentation du K-bis (extrait délivré par le greffe du tribunal de commerce attestant de l'immatriculation).

2. Rédiger les statuts. Pour les EURL dont l'associé unique est le gérant, le Centre de formalités des entreprises (CFE) peut vous remettre un modèle de statuts types. Ces statuts seront déposés auprès du greffe du tribunal de commerce lors des démarches d'immatriculation au CFE.

3. Nommer le gérant, qui peut être ou non l'associé unique, soit dans les statuts, soit dans un acte séparé.

4. Pour l'immatriculation, déposer le dossier au CFE de la chambre de commerce. Ce dernier transmet les données aux différents organismes intéressés : service des impôts, Urssaf, Insee, etc. Le CFE remet au demandeur un « récépissé de dépôt de dossier de création d'entreprise » comportant notamment la mention « en attente d'immatriculation ».

5. Déposer les statuts auprès du service des impôts et procéder à une publication dans un journal d'annonces légales.

EIRL

L'EIRL (Entreprise individuelle à responsabilité limitée) est dirigée par une seule personne (« individuelle ») et n'a pas de personnalité morale, bien qu'inscrite au répertoire des métiers ou au Registre du commerce et des sociétés, avec des caractéristiques particulières. Elle permet de séparer les biens nécessaires à la vie de l'entreprise de ceux du patrimoine privé (à la différence d'une entreprise individuelle). Sur ce principe, les créanciers ne peuvent saisir que le patrimoine affecté à l'activité professionnelle de l'entrepreneur. L'affectation des biens se fait à la création et tout au long de la vie de l'entreprise. Si sa valeur sur le marché est supérieure à 30 000 €, l'évaluation doit alors obligatoirement passer par un commissaire aux comptes, un expert-comptable ou un notaire. À chaque variation de patrimoine, tous les créanciers doivent être mis au courant par courrier recommandé.

Statut fiscal des dirigeants. S'il est soumis à l'IS, la rémunération versée au dirigeant est déductible du bénéfice imposable (voir les particularités du statut social du dirigeant).

Statut social des dirigeants. L'entrepreneur individuel est soumis au régime des travailleurs non salariés. S'il est soumis à l'impôt sur les sociétés, les cotisations sociales sont calculées sur la rémunération ainsi que sur les bénéfices distribués pour la part qui dépasse 10 % de la valeur du patrimoine professionnel affecté ou 10 % du bénéfice, si ce dernier montant est supérieur. Si l'entrepreneur est soumis à l'IR, les cotisations sociales sont calculées sur le bénéfice.

Capital minimal. Pas de capital social, l'entreprise et l'entrepreneur ne forment qu'une seule personne et il n'y a pas d'associé(s).

Démarches.

1. Déposer le capital après nomination (au sens de variation du patrimoine), dans les huit jours, à la Caisse des dépôts ou chez un notaire. Le dépositaire débloquera les fonds sur présentation du K-bis (extrait délivré par le greffe du tribunal de commerce attestant de l'immatriculation).

2. Rédiger les statuts . Pour les EIRL dont l'associé unique est le gérant, le CFE (Centre de formalités des entreprises) peut vous remettre un modèle de statuts types. Ces statuts seront déposés auprès du greffe du tribunal de commerce lors des démarches d'immatriculation au CFE.

3. Nommer le dirigeant, qui peut être ou non l'associé unique, soit dans les statuts, soit dans un acte séparé.

4. Pour l'immatriculation, déposer le dossier au CFE de la chambre de commerce. Ce dernier transmet les données aux différents organismes intéressés : service des impôts, Urssaf, Insee, etc. Le CFE remet au demandeur un « récépissé de dépôt de dossier de création d'entreprise » comportant notamment la mention « en attente d'immatriculation ».

SCOP

La SCOP (Société coopérative ouvrière de production) est constituée de salariés exerçant leur profession et pratiquant une activité commerciale en commun.

Statut fiscal des dirigeants. Traitements et salaires pour le PDG ou le gérant.

Statut social des dirigeants. Le dirigeant est considéré comme salarié.

Montant du capital. Obligatoirement un capital, mais pas de minimum.

Qualité des membres et nombre minimal. Au moins deux associés salariés à temps plein. Associés extérieurs possibles (pas de minimum) à condition que les salariés détiennent la majorité des voix.

Régime fiscal de l'entreprise. Soumission aux impôts commerciaux (IS, TVA) mais exonération de taxe professionnelle.

Démarches.

1. Déposer le capital après nomination, dans les huit jours, à la Caisse des dépôts ou chez un notaire. Le dépositaire débloquera les fonds sur présentation du K-bis (extrait délivré par le greffe du tribunal de commerce attestant de l'immatriculation).

2. Rédiger les statuts. Pour les SCOP dont l'associé unique est le gérant, le CFE (Centre de formalités des entreprises) peut vous remettre un modèle de statuts types. Ces statuts seront déposés auprès du greffe du tribunal de commerce lors des démarches d'immatriculation au CFE.

3. Nommer le gérant, qui peut être ou non l'associé unique, soit dans les statuts, soit dans un acte séparé.

4. Pour l'immatriculation, déposer le dossier au CFE de la chambre de commerce. Ce dernier transmet les données aux différents organismes intéressés : service des impôts, Urssaf, Insee, etc. Le CFE remet au de-

mandeur un « récépissé de dépôt de dossier de création d'entreprise » comportant notamment la mention « en attente d'immatriculation ».

5. Déposer les statuts auprès du service des impôts et procéder à une publication dans un journal d'annonces légales.

SA

La SA (Société anonyme) est une structure réservée aux projets de grande envergure nécessitant des capitaux importants. Son principal avantage est d'être perçue par les investisseurs et les banquiers comme un gage de sécurité. Par ailleurs, le capital peut être augmenté facilement en fonction des besoins de la société et de sa taille ; les actions peuvent être cédées librement.

Statut fiscal des dirigeants. Abattement de 10 %, puis de 20 % sur les revenus perçus par le gérant.

Statut social des dirigeants. Régime général de la Sécurité sociale, que le président soit associé ou non.

Montant du capital. Capital minimal 37 000 €. Libération de moitié au moins à la constitution.

Qualité des membres et nombre minimal. Sept au minimum.

Régime fiscal de la structure. Impôt sur les sociétés (IS) ou option pour l'impôt sur le revenu (IR) sous certaines conditions.

Démarches.

1. Choisir un siège social. La société peut être domiciliée :
   - chez le dirigeant ;
   - en sous-location, dans les locaux d'une autre entreprise ;
   - dans une pépinière d'entreprises...

2. Rédiger les statuts de la SA. Cette rédaction est délicate, il est conseillé de se faire aider par un avocat ou un notaire. Des statuts types vous informent sur les mentions obligatoires. Dans les statuts, il faut nommer :
   - les premiers administrateurs, qui seront entre 3 et 18 ;
   - un commissaire aux comptes et son suppléant. Ils contrôlent la régularité des écritures comptables de la Société anonyme.

Enregistrer les statuts datés et signés en quatre exemplaires au service des impôts des entreprises. L'enregistrement doit être fait dans le mois qui suit leur signature.

3. Déposer les fonds en espèces sur un compte bloqué. Ils sont débloqués après l'immatriculation au Registre du commerce et des sociétés. Un commissaire aux apports, désigné par le président du tribunal de commerce, évalue les éventuels apports en nature.

4. Publier dans un journal d'annonces légales un avis de constitution de la société. La liste des journaux habilités est disponible en préfecture.

5. Pour finaliser la création de société, se rendre au Centre de formalités des entreprises (CFE). Un dossier vous sera donné, à compléter et à retourner. Le CFE s'occupe de votre immatriculation au Registre du commerce et des sociétés et de l'inscription auprès des organismes sociaux et fiscaux.

SNC

La SNC (Société en nom collectif) est une société de personnes. Il n'y a pas de capital minimal obligatoire et tous les associés (deux au moins) sont solidairement et indéfiniment responsables sur leurs biens personnels. La société est dirigée par un ou plusieurs gérants (tiers ou associés). Les associés se réunissent au minimum une fois par an en assemblée générale. Les décisions importantes sont toujours prises à l'unanimité.

Statut fiscal des dirigeants. Impôt sur le revenu dans la catégorie des BIC.

Statut social des dirigeants. Régime social des travailleurs non salariés.

Montant du capital. Pas de minimum ni d'obligation de libération immédiate (ex : sur appel de la gérance au fur et à mesure des besoins).

Qualité des membres et nombre minimal. Deux associés au minimum (personnes physiques ou morales).

Régime fiscal de l'entreprise. Il n'y a pas d'imposition pour la SNC, bien qu'il soit possible de la soumettre à l'IS sur option. Ce sont donc les associés qui vont déclarer leur part des bénéfices ainsi que la rémunération qu'ils perçoivent dans la catégorie des BIC. Cette rémunération n'est pas déductible mais la SNC peut adhérer à un centre de gestion agréé.

Démarches. Vous créez une entreprise sous forme de SNC. Lors de l'immatriculation au Registre du commerce et des sociétés auprès du CFE compétent, plusieurs pièces devront être déposées.

1. M0 formulaire de déclaration de constitution d'une personne morale disponible auprès du CFE.

2. TNS de demande d'affiliation ou de modification d'affiliation au titre d'une activité non salariée disponible auprès du CFE.

3. Déclaration de non-condamnation.

4. Formulaire de pouvoir, pour faire accomplir les formalités par une tierce personne.

5. Attestation de domiciliation du siège social au domicile du représentant légal.

Autoentreprise

Le statut d'autoentreprise, qui date de 2008, recouvre un ensemble de mesures permettant d'exercer une petite activité professionnelle indépendante, très facilement, de façon régulière ou ponctuelle, en minimisant les coûts administratifs. Certaines de ces mesures existaient déjà, d'autres ont été instituées par la loi de modernisation de l'économie du 4 août 2008 (LME).

L'autoentrepreneur est avant tout un entrepreneur individuel (dont le CA ne peut excéder 32 600 € par an pour des activités de prestation de services et 81 500 € par an pour des activités de vente de marchandises), inscrit comme tel auprès du Registre national des entreprises (RNE), mais bénéficiant de nombreuses mesures. Il peut, depuis le 1er janvier 2011, opter pour le nouveau régime de l'EIRL et se constituer ainsi un patrimoine d'affectation.

Statut fiscal des dirigeants. L'autoentrepreneur est soumis au régime fiscal de microentreprise. Sous certaines conditions de limite de revenus imposables, l'autoentrepreneur peut donc opter pour le régime microfiscal et s'acquitter de l'impôt sur le revenu de son activité indépendante par prélèvement libératoire, simultanément au paiement de ses cotisations sociales.

Pour prétendre au régime microfiscal, il faut avoir déclaré l'année précédente un revenu imposable inférieur ou égal au plafond de la troisième tranche d'imposition, soit 26 420 euros en 2010 par part de quotient familial. Une personne célibataire ne devra donc pas avoir déclaré plus de 26 420 euros, une personne en couple 52 840 euros.

Si l'autoentrepreneur ne peut prétendre au régime microfiscal, il doit déclarer annuellement ses revenus. Les impôts procèdent à un abattement forfaitaire de 50 % (prestation de services) ou 71 % (commerce) du chiffre d'affaires réalisé. Il paie ensuite les charges fiscales sur la base des 50 % ou 29 % du CA restant, en se référant à la grille des impôts sur le revenu en vigueur :

- possibilité d'option pour un versement libératoire de l'impôt sur le revenu, sous conditions, au taux de 1 % pour l'activité de vente et de fourniture de logement et de 1,7 % pour les autres activités ;
- exonération de la contribution économique territoriale (CET) l'année de création et les deux années suivantes.

Statut social des dirigeants. L'entrepreneur conserve son régime social antérieur à la création de sa société et cotise au RSI, selon des modalités simplifiées et avantageuses. Le pourcentage prélevé dépend du type d'activité exercé : il est de 14 % pour la vente de marchandises, 24,60 % pour des prestations de services et 21,30 % pour les professions libérales.

Montant du capital. Pas de capital de départ imposé.

Qualité des membres et nombre minimal. Aucun.

Régime fiscal de l'entreprise. Option sous condition au prélèvement libératoire de l'impôt sur le revenu.

Démarches.

1. Déclaration auprès du Centre de formalités des entreprises (CFE) pouvant s'effectuer en ligne.
2. Dispense d'immatriculation au Registre du commerce et des sociétés et à l'Urssaf.

Cadre non lucratif : l'association

L'association est une convention par laquelle deux ou plusieurs personnes (morales ou physiques) mettent en commun, de façon permanente, leurs connaissances ou leurs activités dans un but autre que de partager des bénéfices.

Cadre juridique et administratif

Statut fiscal des dirigeants. Responsabilité civile et pénale du chef d'entreprise (atténuée lorsque le dirigeant est bénévole).

Statut social des dirigeants. Le dirigeant, au sens du membre du bureau, n'est pas salarié car le bénéfice commercial ne rentre pas en compte. Si le dirigeant est rémunéré, il est assimilé comme directeur salarié.

Montant du capital. Pas de capital mais des apports éventuels des membres et des adhérents sont envisageables (possibilité de récupérer les apports en nature à la dissolution de l'association).

Qualité des membres du bureau et nombre minimal. Deux personnes au minimum (président et trésorier), qui sont bénévoles. Les statuts définissent les conditions pour devenir membres et les droits et obligations attachés à leurs qualités.

Traitements et salaires. Si l'association n'a pas une gestion désintéressée, elle entre dans une logique de type BNC (bénéfices non commerciaux), c'est-à-dire que non seulement elle se soumet au Code du travail, mais la rémunération, y compris les avantages en nature, ne peut donc excéder trois fois le seuil fixé par la Sécurité sociale le 1er janvier 2011 à 2 946 € par mois.

Régime fiscal de la structure. Si l'activité est non lucrative et la gestion désintéressée, il n'y a pas d'impôts commerciaux ; si l'activité est lucrative et/ou la gestion intéressée, des impôts commerciaux sont exigés.

Démarches.

1. Il n'est pas obligatoire de déclarer votre association : en prenant cette option, vous pourrez vous doter de statuts et même recevoir des cotisations mais, en contrepartie, vous ne bénéficierez d'aucun statut juridique. De ce fait, il vous sera impossible d'ouvrir un compte en banque ou même de posséder des locaux.

2. Si vous choisissez de déclarer votre association, il vous faudra donc tout d'abord définir son objet et sa finalité, et réunir des membres dirigeants autour d'un objectif commun.

3. Rédaction du dossier de déclaration que vous aurez préalablement retiré à la préfecture (ou sous-préfecture) du lieu où siégera l'association. Une fois complétée, la déclaration devra être jointe aux statuts qui régissent votre association. Ceux-ci se présentent généralement sous la forme d'un acte écrit et sont adaptés en fonction de l'association.

4. Il vous sera également demandé une insertion au *Journal officiel*, qui vous coûtera 44 €. Conservez précieusement l'exemplaire du JO qui pourra vous servir en cas de litige.

Association type 1901

Association non déclarée	Association déclarée	Association déclarée et agréée	Association reconnue d'utilité publique	Fondation
Association n'ayant pas effectué les démarches en préfecture. Celle-ci n'a pas de capacité juridique mais peut faire appel à des cotisations.	Association ayant effectué les démarches administratives nécessaires pour obtenir une capacité juridique. L'association déclarée représente la très grande majorité des associations françaises.	Association qui, après un minimum de 3 ans d'existence, dispose d'un agrément de tutelle des pouvoirs publics.	Association reconnue d'utilité publique par décret du ministère de l'Intérieur. Elle dispose d'une capacité juridique plus large mais a des obligations plus étroites, étant soumises à un contrôle strict des autorités administratives.	La fondation est une association qui dispose d'une dotation en capital, gérée par un conseil d'administration. Tout ou partie du patrimoine d'une personne physique ou d'une entreprise est affecté à la réalisation d'une œuvre durable d'intérêt général. Elle est reconnue d'utilité publique et est donc soumise à un contrôle des autorités administratives.

Textes afférents à toutes les associations soumises à la loi du 1er juillet 1901

Journal officiel du 2 juillet 1901	Loi n° 48-1001 du 23 juin 1948
Loi du 4 décembre 1902	Loi n° 71-604 du 20 juillet 1971
Loi du 17 juillet 1903	Loi n° 87-571 du 23 juillet 1987
Loi du 2 juillet 1913	Loi n° 87-571 du 23 juillet 1987
Décret du 23 octobre 1935	Ordonnance n° 2000-916 du 19 septembre 2000
Décret du 12 avril 1939	Loi n° 2001-504 du 12 juin 2001
Décret du 1er septembre 1939	Loi n° 2003-709 du 1er août 2003
Loi du 3 septembre 1940	
Loi n° 505 du 8 avril 1942	

Si rien n'interdit à un artiste interprète d'être membre de l'association qui l'héberge, il est en revanche déconseillé de siéger dans les organes exécutifs, c'est-à-dire le bureau d'une association chargée d'administrer et de diffuser ses productions artistiques (spectacles, disques ou audiovisuel). En effet, il serait alors difficile de prouver le caractère désintéressé de sa gestion de l'association. Les artistes intermittents du spectacle, percevant des allocations chômage au titre de l'annexe 10 de la convention de l'Unédic, se verraient de plus en danger de radiation. En outre, ils se trouveraient en situation de fausse déclaration puisqu'ils s'engagent sur l'honneur lors de la signature de leur « feuillet d'intermittent » à ne pas être mandataire social d'une association, car les membres du bureau d'une association n'ont pas le droit d'être rémunérés.

Les limites du *do it yourself*

Si le *do it yourself* est absolument nécessaire à la bonne compréhension de ce qu'est le business de la sphère musicale, il trouve néanmoins très vite ses limites, que ce soit d'un point de vue stratégique, financier, promotionnel ou de diffusion. L'artiste émergent se trouve donc face à de nombreuses problématiques.

Le temps

Il n'existe pas de logique préétablie, ni de véritables règles mais le développement d'une carrière d'artiste nécessite beaucoup de temps (on parle traditionnellement de sept ans et de trois albums). Il faut à la fois développer son approche artistique, stratégique, communicationnelle, commerciale, déclencher des rencontres, créer de la diffusion. Toutes ces actions étant généralement dévolues à plusieurs professionnels (manager, label, réalisateur, tourneur, éditeur de musique, attaché de presse…), il s'avère extrêmement chronophage de se substituer à l'ensemble de ces acteurs en devant tout gérer soi-même. Certains artistes n'ont ainsi même plus le temps de se concentrer sur leur métier initial, à savoir faire de la musique.

La compétence

Il n'est pas possible de s'improviser éditeur ou encore tourneur. Ce sont des métiers spécifiques qui demandent contacts, savoirs et, nécessairement, pratique. S'il est possible de se substituer un temps à ces partenaires professionnels, il est obligatoire pour cela de s'y former.

Le budget

Lancer une aventure artistique nécessite un minimum de budget, indispensable pour les répétitions, l'achat de matériel, l'enregistrement, la promotion. Il convient de faire une projection budgétaire avant de démarrer le projet en ayant conscience qu'il s'agit, au début, de fonds propres, sans garantie de ROI (retour sur investissements).

Il s'agit aussi d'investir de manière la plus professionnelle possible, en ne se lançant que lorsque le projet est réellement prêt et mature, ce dernier nécessitant un budget assez conséquent afin d'obtenir le résultat le plus qualitatif possible (qualité d'enregistrement requérant un studio de bonne facture, réalisation d'un clip vidéo de qualité « diffusable », pressage, achat d'espaces publicitaires pour accéder aux médias).

La notoriété

Le problème lié à l'absence de notoriété est double car il s'agit à la fois du Graal vers lequel courent les artistes émergents, mais aussi, et surtout, d'une véritable caution dans une industrie en pleine mutation.

La première étape cruciale est la rencontre et la signature avec les futurs partenaires professionnels. C'est d'ailleurs le moment où l'on parle du développement pouvant amener l'artiste à la phase d'installation puis de renforcement, et donc de notoriété. Voici par exemple le modèle en trois étapes de développement traditionnel d'un projet des maisons de disques :

- disque 1 : installation, développement ;
- disque 2 : renforcement ;
- disque 3 : amortissement.

Cette période des premiers pas dans la sphère de l'industrie musicale est un véritable socle pour la poursuite d'un projet musical, car non seulement elle permet à l'artiste émergent de signaler son existence, mais aussi d'intéresser de futurs partenaires professionnels qui sauront apporter moyens et savoir-faire pour la bonne poursuite de sa carrière. Il s'agit de la première étape importante du lancement d'une carrière et d'un véritable moyen de renforcer le réseau, les connaissances pratiques et théoriques qui suivront l'artiste tout au long de son cheminement.

« Nous sommes au centre de notre business » (interview)

Depuis quand le projet existe-t-il ?

Il ne s'agissait pas, à la base, d'un projet à proprement parler. Créé en 2008, le P.O.S était juste le *crew* (groupe) qui déferlait sur Paris. Pour nous, il n'y avait aucune stratégie, il nous fallait juste être représentés dès qu'il se passait quelque chose ! Au moindre *open-mic*, être là...

Quand les choses se sont-elles accélérées ?

Pour être très précis, à partir du 27 juin 2011, date de sortie de notre premier EP, *La Source*. Nous étions prêts. La preuve en est que, dès la première sortie, nous étions 23e au top des ventes physiques et 9e concernant les ventes numériques !

Quelle est votre structure légale ?

Nous avons monté une SARL dès la sortie du premier EP : ayant signé un mauvais contrat, il fallait réagir et prendre nos affaires en main. Nous avons très vite fait appel à Jean-Marie Quilloux, notre avocat, qui a su nous conseiller et nous accompagner.

Comment avez-vous procédé pour l'autodistribution ?

Nous avions trouvé un contrat de distribution chez Musicast afin que l'EP soit référencé et trouvable.

Comment en êtes-vous venus à l'autobooking ?

À nos débuts, nous n'étions pas là pour signer à tout prix, juste montrer que nous existions ! Du coup, nous avons monté par nous-mêmes une tournée d'octobre à décembre 2011 de vingt-cinq dates, en partant de La Maroquinerie pour finir au Bataclan.

Et à l'autopromotion ?

Grâce au buzz, autour du succès de la tournée, les médias sont venus vers nous, comme le magazine *Serge* ou encore le journal *Le Monde*. Nous avons aussi appris à communiquer par nous-mêmes, à optimiser nos stratégies. Par exemple, les dates de mise en ligne d'un clip doivent être un minimum réfléchies : pour maximaliser les audiences, il vaut mieux sortir le clip sur les réseaux sociaux le jeudi soir vers 20 h plutôt qu'à 14 h.

Comment en êtes-vous arrivé à une stratégie à 360° ?

Suite à cette première tournée, nous sommes partis sur un contrat de licence avec Polydor-Universal et, à force de négociation, nous avons pu garder nos éditions, ce qui nous a permis de signer en coédition avec BMG. Nous coproduisons dorénavant nos dates avec Bleu Citron et passons aussi par eux pour le partenariat de *merchandising*. Nous sommes au centre de notre business ! Nous avons sorti notre deuxième EP le 5 mars 2012 avec une énorme visibilité médiatique et une tournée de plus de quatre-vingts dates, dont un Zénith de Paris. Nous préparons aujourd'hui notre premier véritable album.

Un conseil pour finir ?

Notre histoire montre qu'il est encore possible de faire quelque chose dans le domaine de la musique, comme dans n'importe quel autre domaine. Il suffit juste de travailler et surtout de ne rien lâcher.

Antoine Guena aka Fonky Flav' du groupe 1995, Victoire de la musique 2014
« Album de musique urbaine »

Chapitre 2

Les organismes professionnels

Les organismes professionnels sont essentiels à la structuration de la filière musicale. Ils sont au cœur du dispositif par la palette de leurs missions : collecte et redistribution de certains revenus, défense des intérêts de leurs membres, attribution de subventions, réalisation d'études et d'enquêtes… On distingue les sociétés civiles, les fonds de soutien, les structures d'aide à l'export et les syndicats.

Les sociétés civiles

Les sociétés civiles, également dénommées SPRD (Sociétés de perception et de répartition des droits), ne sont pas des sociétés commerciales mais des structures à but non lucratif, autorisées par le ministère de la Culture et de la Communication à agir dans l'intérêt et au nom de leurs membres.

Elles sont régies par un système de gestion collective, c'est-à-dire une autogestion par et au bénéfice de la collectivité de ses adhérents. Ce système garantit notamment une perception collective mais une répartition individuelle des droits.

Nous distinguerons les sociétés civiles selon les deux types de droits en vigueur :

- les droits d'auteur : la Sacem ;

- les droits voisins : l'Adami et la Spedidam pour les artistes interprètes, la SCPP et la SPPF pour les producteurs de musique enregistrée.

Droits d'auteur et Sacem

Cadre légal : les droits d'auteur

La notion de droit d'auteur, inspirée par Beaumarchais et l'esprit de la Révolution française, est officiellement reconnue par une loi adoptée en 1791 et est aujourd'hui régie par le Code de la propriété intellectuelle du 1er juillet 1992. Elle est étroitement liée à la notion d'œuvre, c'est-à-dire la création immatérielle et originale de l'esprit. L'œuvre doit également respecter un critère d'originalité, soit le « reflet de la personnalité du créateur ». En musique, les œuvres correspondent aux « compositions musicales avec ou sans paroles » (L. 112-2), matérialisées par les partitions (mélodies et rythmiques) et/ou les textes. Sont considérés comme auteurs les paroliers, compositeurs, arrangeurs (musique) et adaptateurs (paroles).

On distingue deux types de droits d'auteur, le droit moral et les droits patrimoniaux, dont la durée de vie est limitée à 70 ans après la mort de l'auteur ou du dernier auteur en cas de co-composition. On considère qu'ensuite les œuvres tombent dans le domaine public et ne nécessitent donc plus d'autorisation ni de rémunération.

Le droit moral. Il est perpétuel, inaliénable (l'auteur ne peut l'abandonner) et imprescriptible. Il est aussi incessible, l'auteur ne pouvant le céder de son vivant. Il se compose du droit de paternité (respect du nom), du droit de divulgation (par lequel l'auteur décide des conditions d'accès du public à son travail), du droit au respect de l'œuvre, interdisant toute modification pouvant dénaturer l'œuvre, et enfin, du droit de repentir, par lequel l'auteur peut faire cesser l'exploitation de son œuvre.

Cette notion de droit moral n'est pas commune à tous les pays et se distingue notamment de la conception anglo-saxonne du droit d'auteur qui repose sur la notion de copyright – droit plus inspiré du droit des affaires et permettant une exploitation de l'œuvre plus libérale.

Les droits patrimoniaux. Ce sont eux qui permettent aux auteurs de tirer des revenus de l'exploitation de leurs œuvres sur la base de conditions convenues par les sociétés de gestion collective de droits. Les droits patrimoniaux recouvrent deux principes.

À noter

Dans le cadre de ces droits patrimoniaux, les arrangeurs et adaptateurs bénéficient d'un droit d'adaptation rémunérant leur travail (reprises, remix, traduction de textes…).

- **Le droit de représentation ou d'exécution publique (DEP).** Il consiste en « la communication de l'œuvre au public par un procédé quelconque » par « la présentation publique et la télédiffusion » (art. L. 122-2 du Code de la propriété intellectuelle). La notion d'interprétation ou d'exécution publique désigne, en France, toute interprétation ou exécution d'une œuvre dans un lieu où le public est supérieur à tout rassemblement familial et privé (spectacle vivant, lieux publics...). Cette notion désigne également toute interprétation ou exécution diffusée au moyen d'un enregistrement (médias audiovisuels...).

- **Le droit de reproduction (DR).** Le droit de reproduction est « la fixation matérielle de l'œuvre par tous procédés qui permettent de la communiquer au public d'une manière indirecte » (art. L. 122-3 du CPI). C'est le droit pour l'auteur d'empêcher des tiers de réaliser des copies de ses œuvres sans son consentement, et le droit de contrôler l'acte de reproduction. On parle spécifiquement du droit de reproduction mécanique (DRM) pour les supports de musique enregistrée (disques, fichiers numériques...).

Exceptions et dérogations. Aucune autorisation n'est requise pour l'exploitation des œuvres dans les cas suivants :

- leur utilisation dans un cadre familial ;

- la parodie, le pastiche et la caricature (pas d'autorisation requise au nom de la liberté d'expression) ;

- les reprises sur scène ;

- la copie privée sonore (il existe également une copie privée audiovisuelle) qui exempte depuis 1985 le paiement de droits sur les supports d'enregistrement (CD-R, DVD-R...) puis de stockage de la musique (disques durs externes, baladeurs numériques...) par le prélèvement d'une redevance perçue par les fabricants et importateurs de ces supports. Elle est prélevée par Copie France (plus de 190 M€ par an) et est reversée à 75 % aux ayants droit dont la moitié aux auteurs-compositeurs via la Sacem ¼ aux artistes interprètes et ¼ aux producteurs de phonogrammes). Un débat existe actuellement concernant l'éventuelle extension du dispositif au système de *cloud* (stockage à distance, dit « dans les nuages », tel le iCloud d'Apple).

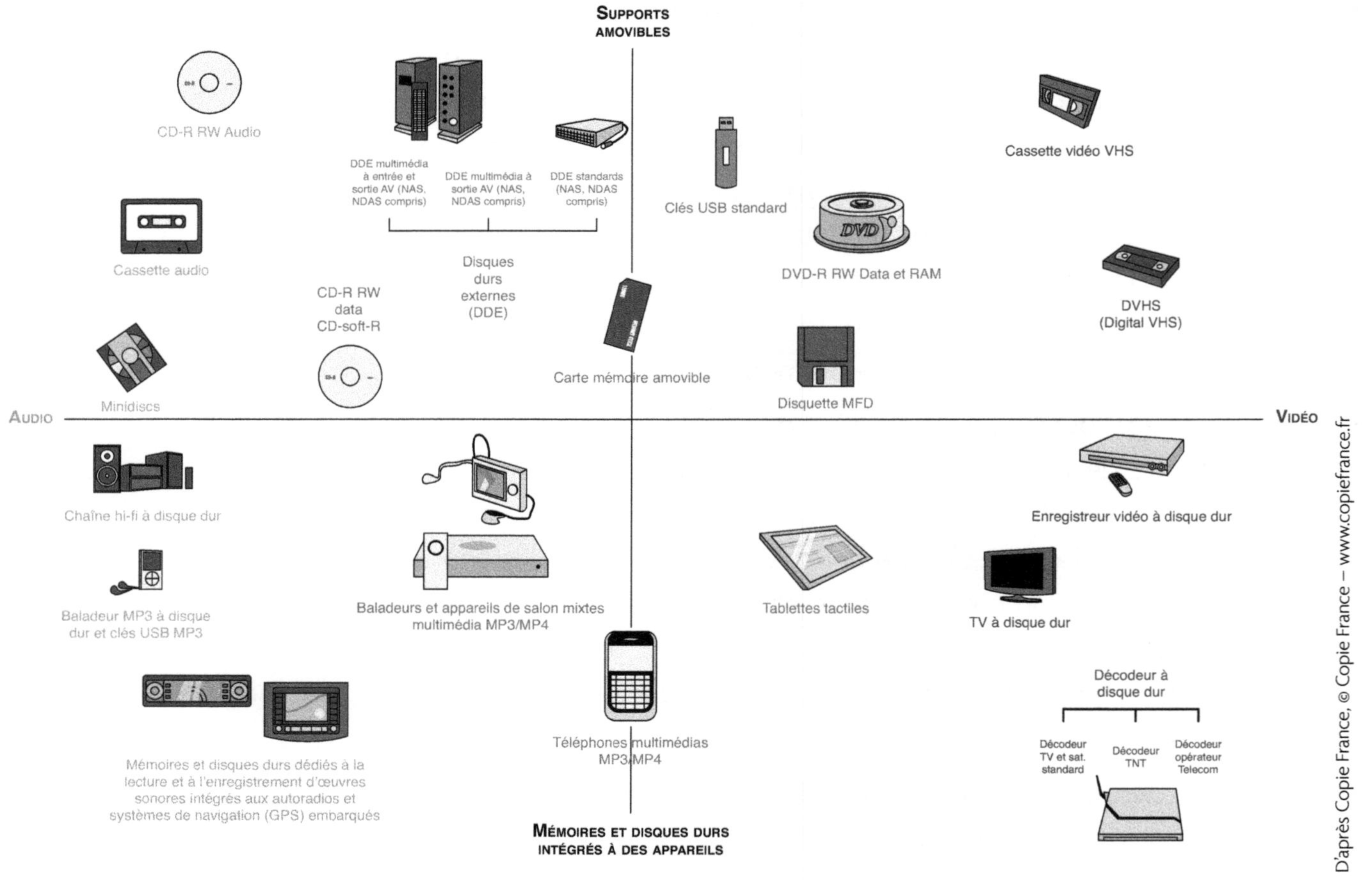

Supports assujettis à la rémunération pour copie privée.

Il est à noter que les éditeurs de musique sont les partenaires professionnels des auteurs-compositeurs. Leur rôle principal est la gestion et le développement de leurs droits, notamment via la synchronisation (voir la section « L'éditeur de musique », au chapitre 4).

Rôle central de la Sacem

Créée en 1851, la Sacem, Société des auteurs, compositeurs et éditeurs de musique, est la première société civile de droits d'auteur apparue dans le monde. Composée de 1 400 salariés et forte de plus de 70 implantations à Paris et en régions, elle compte 149 000 sociétaires (dont plus de 18 000 étrangers) et plus de 80 millions d'œuvres représentées (plus d'un million de nouvelles œuvres on été déposées en 2013). Après un record mondial de perceptions de droits d'auteur en 2012 (7,8 milliards d'euros), la Sacem a collecté 810 M€ de droits en 2013 (+1,7 % par rapport à 2012) dont les sources proviennent :

- à 34 % des droits généraux, c'est-à-dire de la consommation collective de musique (concerts, lieux publics…), en progression de 3,1 % : les diffuseurs de cinéma reversent par exemple 2 % de leurs recettes hors taxes à la Sacem (1,5 % pour les salles membres de certains syndicats), les diffuseurs de spectacles 8,8 % de leurs recettes de billetterie hors taxes et 4,4 % de leurs recettes annexes (bar, restauration…), les lieux publics comme les commerces qui diffusent de la musique payent une somme forfaitaire dont les tarifs sont négociés entre la Sacem et les groupements professionnels des secteurs concernés (bars, salons de coiffure, hypermarchés…) ;

- à 30 % des médias audiovisuels, en stabilité (les télévisions reversent 5 % de leurs recettes à la Sacem et les radios 6 %) ;

- à 10 % de l'international, c'est-à-dire des droits perçus à l'étranger, en croissance depuis 5 ans (+3 %) notamment grâce au mouvement French touch initié par les musiques électroniques ;

- à 9,5 % du numérique (téléchargement, streaming, diffusion de programmes audiovisuels via les réseaux numériques comme l'ADSL, le mobile, le câble ou le satellite), en forte progression depuis 2012 ;

- à 8,5 % de la copie privée, en progression ;

- à 8 % du secteur phono-vidéo dont le recul se poursuit (-7 %).

On distingue quatre grands rôles de la Sacem :

- la perception et la redistribution des droits d'auteur (environ 79 % des droits collectés sont directement redistribués aux auteurs et à leurs éditeurs de musique, et cela quatre fois par an : janvier, avril, juillet et octobre) ;

- l'action culturelle : les subventions et bourses de la Sacem sont destinées à soutenir la création (autoproductions, résidences…), la diffusion vivante (production de spectacles, festivals…) et la formation ;

- l'action professionnelle : les actions de protection et de défense des droits d'auteur (lobbying…) ainsi que la mise en place des Grands Prix Sacem ;

- l'action sociale : le régime d'allocations d'entraide de la Sacem, les fonds de prévoyance et de solidarité (retraite complémentaire…).

La Sacem, gardien du temple (interview)

« Les droits d'auteur sont les salaires des ayants droit : auteurs, compositeurs, éditeurs. » C'est ce que m'a appris mon maître à penser, Max Amphoux, éminent éditeur, lorsque j'ai appris mon métier d'éditeur musical il y a quelque 40 ans. On comprend mieux la frustration des créateurs avec le problème des téléchargements illégaux ! Heureusement, la Sacem est un fidèle gardien du temple pour la défense de nos droits dans le monde entier, même si les dossiers sont de plus en plus nombreux et épineux. Cette société de gestion collective est un modèle du genre depuis plus de 160 ans, beaucoup d'autres sociétés s'en sont inspirées, de la Russie au Canada français. Son efficacité et son rayonnement en font l'une des sociétés d'auteurs les plus performantes, comme la GEMA allemande.

Des droits mécaniques aux droits d'exécution publique, la Sacem est présente dans tous les compartiments de la propriété intellectuelle et artistique, ce qui permet d'annihiler quasiment ces fameux terrains de non-droit. 1 400 personnes travaillent en permanence pour cette société civile gérée par les créateurs, dans le monde entier (dont la moitié au siège à Neuilly-sur-Seine), ce qui lui a permis de construire un réseau au maillage très serré que beaucoup d'autres sociétés de gestion collective nous envient et sollicitent.

De Maurice Ravel à Jean-Jacques Goldman, de Georges Bizet à Georges Brassens, de Gabriel Fauré à Serge Gainsbourg, ou encore de Maurice Jarre à Francis Cabrel et de *L'Internationale* à *La Mer*, en passant par *Comme d'habitude (My way)*... Tous ces grands créateurs ont confiés leurs œuvres à la Sacem pour qu'elles soient représentées et défendues. Sans parler des poètes, sans parler des humoristes... À ce jour, la Sacem représente plus de 80 millions d'œuvres françaises et étrangères : à raison d'environ trois minutes au minimum par titre, si les quadras d'aujourd'hui voulaient écouter non-stop son catalogue, ils atteindraient les 120 ans !

Cette société est un phare dans le monde et un leader en Europe : ses quelques 149 000 sociétaires en savent quelque chose. Souhaitons-lui de vivre longtemps, longtemps, longtemps.

Christian de Ronseray, éditeur musical, ancien membre du conseil d'administration de la Sacem

Creative Commons

Un système de droits d'auteur est apparu il y a une dizaine d'années : les *Creative Commons* (http://creativecommons.fr/licences/les-6-licences/). Inspirées à l'origine par le concept des logiciels libres et afin de s'adapter aux nouvelles pratiques sur Internet, ces six licences sont destinées à faciliter l'exploitation des œuvres en informant le public que certaines utilisations sont autorisées à l'avance.

Les auteurs ou titulaires des droits peuvent donc choisir un ensemble de conditions qu'ils souhaitent appliquer à leurs œuvres, et chaque licence se distingue selon les options choisies.

1. **Paternité** (BY) : le titulaire des droits autorise toute exploitation de l'œuvre, y compris à des fins commerciales, ainsi que la création d'œuvres dérivées, dont la distribution est aussi autorisée sans restriction, à condition de l'attribuer à son auteur en citant son nom. Cette licence est recommandée pour la diffusion et l'utilisation maximale des œuvres.

Source

http://creativecommons.fr/licences/les-6-licences

2. **Paternité + pas de modification** (BY ND) : le titulaire des droits autorise toute utilisation de l'œuvre originale (y compris à des fins commerciales), mais n'autorise pas la création d'œuvres dérivées.

3. **Paternité + pas d'utilisation commerciale + pas de modification** (BY NC ND) : le titulaire des droits autorise l'utilisation de l'œuvre originale à des fins non commerciales, mais n'autorise pas la création d'œuvres dérivées.

4. **Paternité + pas d'utilisation commerciale** (BY NC) : le titulaire des droits autorise l'exploitation de l'œuvre ainsi que la création d'œuvres dérivées, à condition qu'il ne s'agisse pas d'une utilisation commerciale (les utilisations commerciales restant soumises à son autorisation).

5. **Paternité + pas d'utilisation commerciale + partage à l'identique** (BY NC SA) : le titulaire des droits autorise l'exploitation de l'œuvre originale à des fins non commerciales, ainsi que la création d'œuvres dérivées, à condition qu'elles soient distribuées sous une licence identique à celle qui régit l'œuvre originale.

6. **Paternité + partage à l'identique** (BY SA) : le titulaire des droits autorise toute utilisation de l'œuvre originale (y compris à des fins commerciales) ainsi que la création d'œuvres dérivées, à condition qu'elles soient distribuées sous une licence identique à celle qui régit l'œuvre originale. Cette licence est souvent comparée aux licences « copyleft » des logiciels libres. C'est la licence utilisée par Wikipédia.

> **À noter**
>
> Alors que ces licences étaient initialement incompatibles avec le régime du droit d'auteur, la Sacem a officialisé début 2012 un accord avec *Creative Commons*. Il est désormais permis aux auteurs qui le souhaitent d'autoriser le partage non commercial de leurs œuvres dans le cadre de certaines licences de *Creative Commons* (option non commerciale) tout en étant protégés et rémunérés par la Sacem pour leurs usages commerciaux.

Droits voisins et sociétés civiles d'interprètes et de producteurs

Cadre légal : la loi du 3 juillet 1985

La loi du 3 juillet 1985 reconnaît aux artistes interprètes, à leurs producteurs de phonogrammes et vidéogrammes, ainsi qu'aux diffuseurs audiovisuels (radios et télévisions), de nouveaux droits dits « droits voisins » (du droit d'auteur). Ils sont intégrés depuis le 1er juillet 1992 au nouveau Code de propriété intellectuelle. Les titulaires de droits voisins disposent ainsi d'un droit exclusif d'autoriser ou d'interdire l'exploitation de leurs enregistrements et d'en percevoir une rémunération.

La durée de protection des droits voisins doit s'étendre de cinquante à soixante-dix ans après la date de fixation ou de communication d'un enregistrement (directive européenne 2011/77/UE du 27 septembre 2011, en attente de la transposition dans la loi française). Les exceptions à ces droits voisins sont globalement les mêmes que celles relatives aux droits d'auteur : l'utilisation dans un cadre familial, la parodie et la copie privée.

Les droits voisins se composent :

- d'un droit moral qui confère un droit de paternité et de respect de l'interprétation à l'artiste (son nom doit y être associé/mentionné, et son autorisation est requise pour toute modification de son interprétation) ; comme pour les droits d'auteur, ce droit moral est perpétuel, inaliénable et imprescriptible ;

- d'un droit patrimonial :
  - à l'artiste interprète : droit exclusif d'autoriser ou d'interdire « la fixation de sa prestation, sa reproduction et sa communication au public, ainsi que toute utilisation séparée de son et de l'image de sa prestation lorsque celle-ci a été fixée à la fois pour le son et pour l'image » (autorisation écrite de l'artiste pour toute exploitation de son interprétation) ;
  - au producteur de musique enregistrée : droit exclusif d'autoriser ou d'interdire la reproduction et la mise à disposition au public (vente, location, échange...) ;
  - aux entreprises de radio et télédiffusion : droit de reproduction et de circulation de leurs programmes et de leur diffusion dans des lieux payants.

La loi du 3 juillet 1985 accorde également deux types de rémunérations :

- une rémunération équitable : en contrepartie d'une dérogation au droit d'autorisation des enregistrements dans les médias audiovisuels et les lieux publics (les licences légales), les interprètes et producteurs de musique enregistrée perçoivent une rémunération dite « équitable ». Elle est fixée par voie de décisions réglementaires, perçue par la SPRÉ (Société pour la perception de la rémunération équitable) auprès des utilisateurs de musique enregistrée (télévisions, radios, discothèques, lieux sonorisés...) et redistribuée à parts égales entre interprètes (via l'Adami et la Spedidam) et producteurs (via la SCPP et la SPPF). La rémunération équitable s'élevait à plus de 110 M€ en 2013 ;

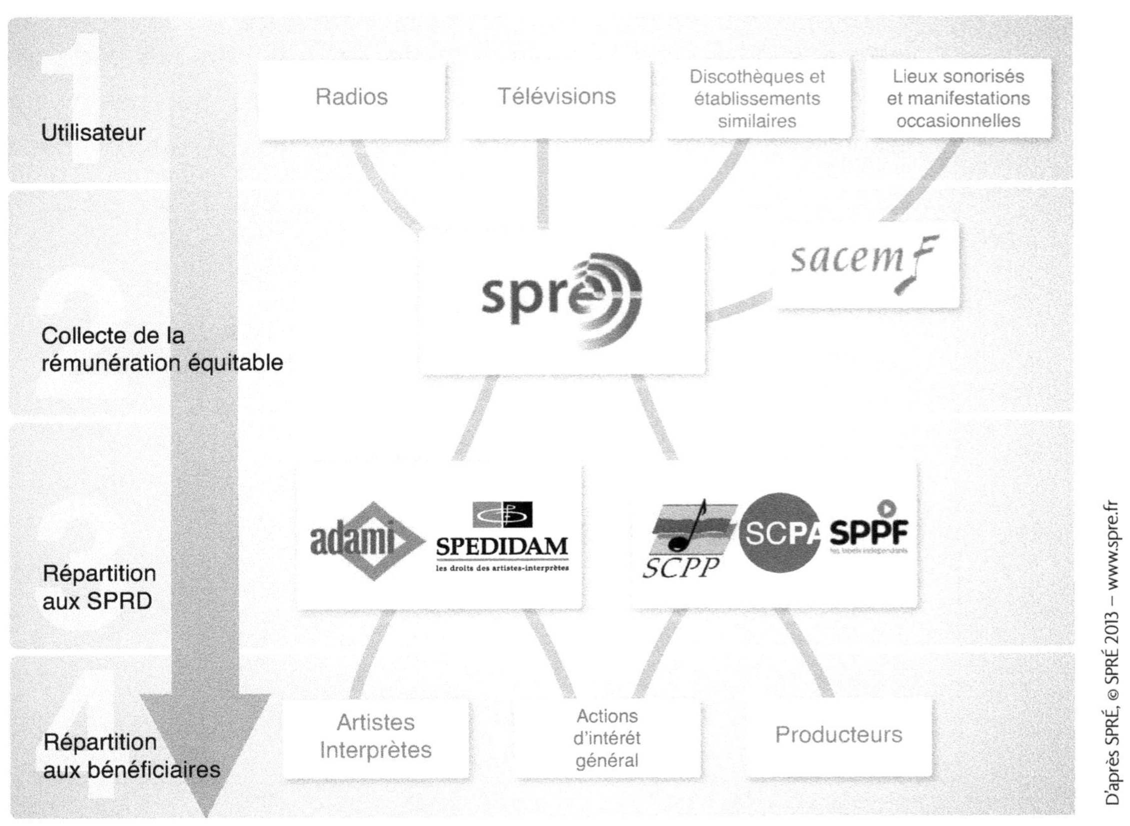

La rémunération équitable.

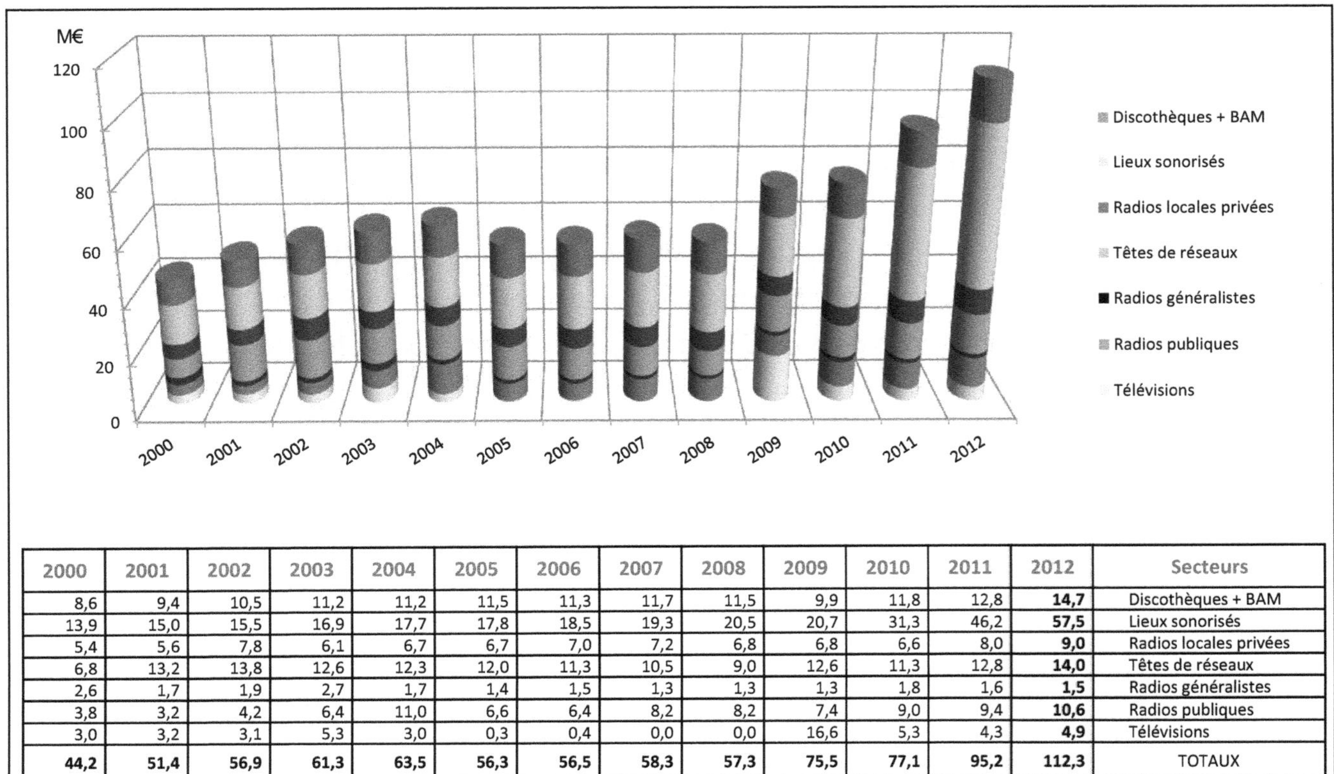

2000	2001	2002	2003	2004	2005	2006	2007	2008	2009	2010	2011	2012	Secteurs
8,6	9,4	10,5	11,2	11,2	11,5	11,3	11,7	11,5	9,9	11,8	12,8	**14,7**	Discothèques + BAM
13,9	15,0	15,5	16,9	17,7	17,8	18,5	19,3	20,5	20,7	31,3	46,2	**57,5**	Lieux sonorisés
5,4	5,6	7,8	6,1	6,7	6,7	7,0	7,2	6,8	6,8	6,6	8,0	**9,0**	Radios locales privées
6,8	13,2	13,8	12,6	12,3	12,0	11,3	10,5	9,0	12,6	11,3	12,8	**14,0**	Têtes de réseaux
2,6	1,7	1,9	2,7	1,7	1,4	1,5	1,3	1,3	1,3	1,8	1,6	**1,5**	Radios généralistes
3,8	3,2	4,2	6,4	11,0	6,6	6,4	8,2	8,2	7,4	9,0	9,4	**10,6**	Radios publiques
3,0	3,2	3,1	5,3	3,0	0,3	0,4	0,0	0,0	16,6	5,3	4,3	**4,9**	Télévisions
44,2	**51,4**	**56,9**	**61,3**	**63,5**	**56,3**	**56,5**	**58,3**	**57,3**	**75,5**	**77,1**	**95,2**	**112,3**	TOTAUX

Perceptions et évolutions de la rémunération équitable.

- une rémunération pour copie privée : en compensation d'éventuelles pertes engendrées par la copie et le stockage de musique, elle s'applique également aux interprètes et producteurs qui perçoivent chacun ¼ des montants collectés via leurs sociétés civiles respectives.

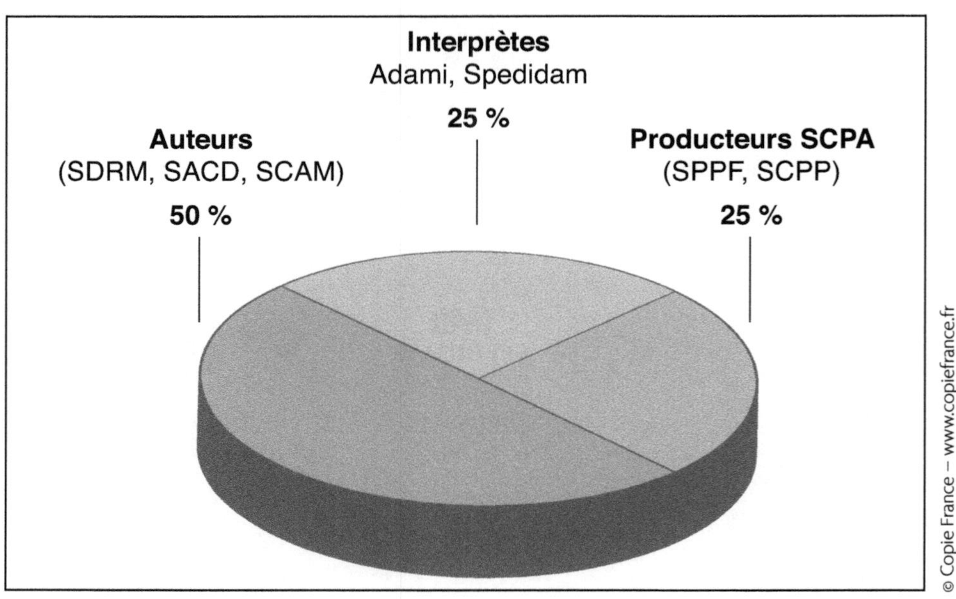

Répartition de la copie privée sonore.

Sociétés civiles des artistes interprètes

À l'image de la Sacem pour les auteurs, les interprètes disposent de deux sociétés civiles de gestion collective de leurs droits.

- **L'Adami** (société civile pour l'Administration des droits des artistes et musiciens interprètes) gère depuis plus de cinquante ans les droits des interprètes « dont le nom figure sur l'étiquette des phonogrammes ou au générique des œuvres audiovisuelles ». En 2012, l'Adami a collecté près de 65 M€ de droits, en a réparti plus de 36 M€ sur 58 700 comptes artistes et a soutenu 835 projets artistiques par l'attribution de 10 M€ de subventions (festivals, enregistrements, formations...).

- **La Spedidam** (Société de perception et de distribution des droits des artistes interprètes) gère depuis 1959 les droits des interprètes dits « exécutants ou d'accompagnement », c'est-à-dire ceux dont le nom n'est pas mentionné sur les supports (à la différence de l'Adami). En 2012, la Spedidam a collecté près de 42 M€ de droits dont ⅔ ont été reversés à ses sociétaires et ⅓ redistribué sous forme de subventions à différents projets culturels (spectacles vivants, formations...).

Pour pouvoir adhérer à un de ces deux organismes, il est nécessaire de pouvoir justifier :

- de sa propre discographie pour l'Adami (contrat d'artiste avec une maison de disques, bulletins de salaires, justificatif de distribution ou de diffusion d'une autoproduction…) ;

- de sa participation à des formations musicales ou des enregistrements pour la Spedidam (cachets d'intermittents, justificatifs des congés spectacles, bulletins de salaires…).

Sociétés civiles des producteurs phonographiques

Il existe également deux sociétés civiles destinées, entre autres, à collecter et redistribuer les droits des producteurs de musique enregistrée :

- la SCPP (Société civile des producteurs phonographiques) qui gère les droits de plus de 2 000 membres, soit 80 % des droits des producteurs français, dont ceux des Majors du disque. Elle a perçu 73,4 M€ en 2012, soit une progression de 1,7 % par rapport 2011 ;

- la SPPF (Société civile des producteurs de phonogrammes en France) qui gère depuis 1985 les droits de près de 1 500 producteurs exclusivement indépendants. Elle a collecté plus de 27,8 M€ de droits en 2012, soit une hausse de près de 25 %.

Les principales missions de ces deux organismes sont :

- l'autorisation de certaines exploitations de phonogrammes et vidéo-musiques appartenant à leurs membres ;

- la perception, via la SCPA (Société civile pour l'exercice des droits des producteurs associés), et la redistribution des droits de leurs membres ;

- les défenses des droits de leurs membres (lobbying…) ;

- la lutte contre la piraterie ;

- le soutien à la création par l'attribution de subventions (enregistrement, réalisation de clips, soirées de lancement d'albums…) ;

- l'administration du code ISRC (*International Standard Recording Code*) qui permet de contrôler la reproduction et la diffusion (radio…) de chaque titre.

Pour adhérer à l'une de ces sociétés civiles, il est nécessaire de fournir les pièces suivantes :

- une déclaration d'adhésion aux statuts de la société civile ;

- un mandat pour l'exercice des droits à la rémunération ;

- un extrait K du Registre du commerce et des sociétés ou K-bis de moins de trois mois ;

- un chèque d'un montant de 150 € pour la SCPP et de 153 € pour la SPPF ;

- un exemplaire des productions réalisées depuis le début de l'activité du producteur ;

- une copie des contrats d'artistes, de licence et/ou de distribution relatifs aux enregistrements fournis.

En résumé : les rôles des sociétés civiles

- Collecte et redistribution des droits (gestion collective).
- Défense et protection des droits (lobbying...).
- Soutien à la création (subventions...).

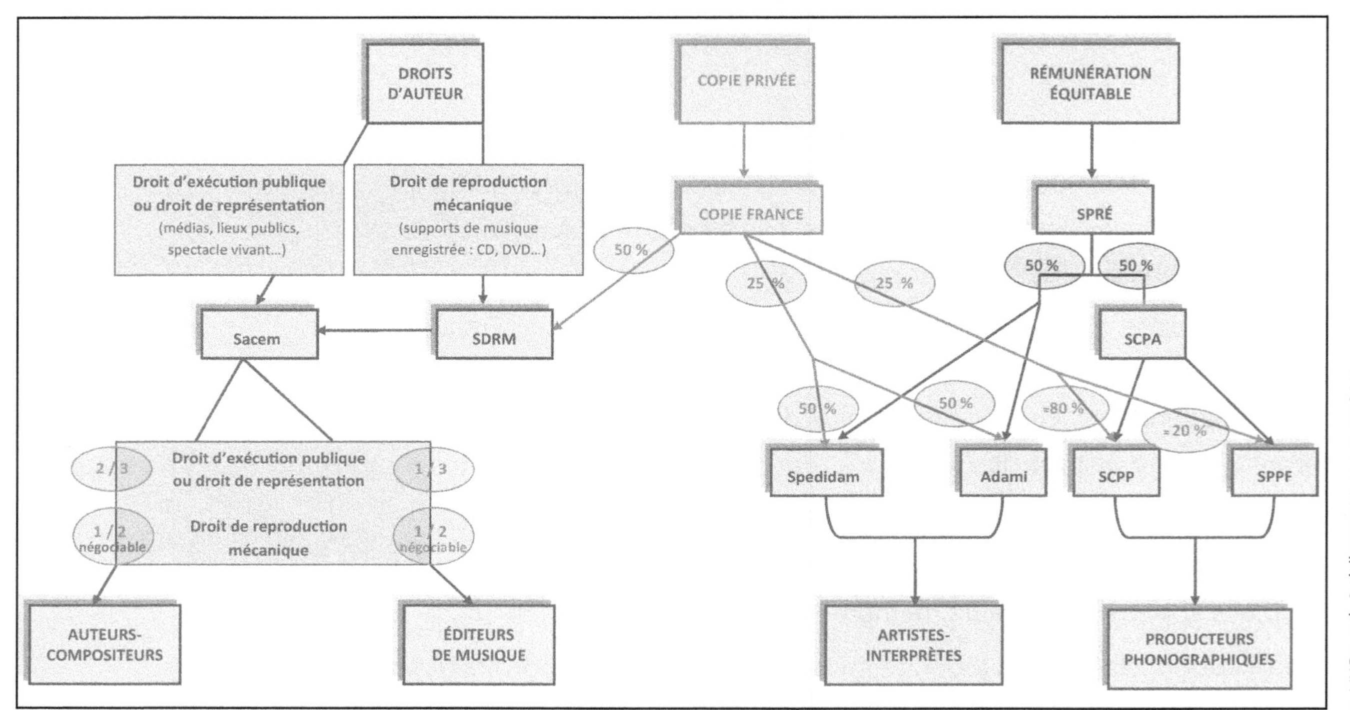

Synthèse de la répartition des droits en gestion collective.

Sur la totalité des droits répartis en France (auteurs et voisins), environ 7 % sont perçus par les producteurs de musique enregistrée, 8 % par les artistes interprètes et 85 % par les auteurs, compositeurs et éditeurs musicaux.

Les fonds de soutien

Un fonds de soutien est un organisme destiné à réguler et à redistribuer des aides financières pour un secteur donné. Dans le milieu culturel, le plus ancien est le CNC (Centre national du cinéma et de l'image animée), créé en 1946 pour soutenir la production cinématographique française. D'autres sont apparus depuis, notamment dans la filière musicale. Il s'agit principalement du CNV (Centre national de la chanson des variétés et du jazz) et du FCM (Fonds pour la création musicale).

Le CNV et la scène musicale

Créé sur les fondations de l'ancien « Fonds de soutien chanson, variétés, jazz », association apparue en 1986 pour favoriser l'essor de l'économie du spectacle vivant musical, le Centre national de la chanson, des variétés et du jazz est un ÉPIC (Établissement public industriel et commercial) placé sous la tutelle du ministère de la Culture et de la Communication.

Institué par l'article 30 de la Loi 2002-5 du 4 janvier 2002, le CNV développe une mission de soutien du secteur de la scène des musiques actuelles et des variétés. Les catégories de spectacles relevant des variétés sont précisées par le décret n° 2004-17 du 4 février 2004 qui les définit comme « les tours de chant, concerts et spectacles de jazz, rock, de musique électronique..., les spectacles d'humour, d'illusionnistes, aquatiques, sur glace... et dans certains cas les comédies musicales ».

Pour cela, le CNV prélève la « taxe fiscale sur les spectacles de variétés » (dont les concerts de musiques actuelles) auprès des organisateurs. Mise en application par le même décret 2004-117, cette taxe s'établit à 3,5 % de l'assiette : recettes de billetterie hors taxes ou montant des contrats de cession hors taxes dans le cadre de représentations gratuites. Cette taxe est destinée à être redistribuée aux entrepreneurs de spectacles musicaux (festivals, salles, tourneurs...) sous deux formes d'aides principales :

- les subventions (équipement des salles, aides à la promotion...) ;
- les droits de tirage (reversements automatiques, réservés aux structures affiliées, et proportionnels à la taxe générée).

Le CNV est également un centre de ressources établissant des enquêtes, statistiques et rapports relatifs à la scène des musiques actuelles (situation économique du secteur, fréquentation des concerts par style de musique, répartition géographique des événements, budgets et financements des festivals...), ainsi que des rencontres professionnelles (tables rondes...).

Précisions

Le rapport d'activité du CNV fait apparaître pour 2012 :

• 1 671 structures affiliées au 31 décembre 2012 ;

• une collecte de 23,6 M€ de taxe fiscale sur les spectacles de variétés ;

• une aide de 22,7 M€ donnée à 1 475 dossiers correspondant à 783 structures bénéficiaires (festivals, salles, tourneurs…).

Seuls les entrepreneurs de spectacles œuvrant dans les variétés et les musiques actuelles peuvent adhérer au CNV. Pour une première affiliation, il est nécessaire de fournir les éléments suivants :

• l'arrêté de licence en cours de validité attestant de la détention d'une ou de plusieurs licences d'entrepreneurs de spectacles ;

• la liste à jour des membres élus du bureau pour les associations ;

• la liasse fiscale et/ou le bilan et compte de résultat des deux exercices précédents (sauf dans le cas d'une création de structure) ;

• en fonction de la structure :

  – pour les entreprises immatriculées au RCS (Registre du commerce et des sociétés) : une copie d'un K-bis (carte d'identité de l'entreprise) de moins de trois mois ;

  – pour les associations : une copie de la dernière déclaration en préfecture et de la parution au *Journal officiel* ;

  – pour les collectivités publiques : une copie de l'extrait du registre des délibérations du conseil municipal autorisant la demande de licence d'entrepreneur de spectacles pour une personne physique désignée par l'autorité compétente ;

• les attestations de paiement, pour la période de référence antérieure à la date de demande d'affiliation, des organismes sociaux suivants : Urssaf, Audiens (caisse de retraite), Pôle emploi spectacle, Congés spectacles. Seule l'attestation du GUSO (Guichet unique du spectacle occasionnel) suffit pour les entrepreneurs de spectacles occasionnels (maximum six spectacles par an, pas de licence nécessaire).

CNM or not CNM ?

La création d'un Centre national de la musique, nouveau fonds de soutien destiné à soutenir l'ensemble de la filière musicale, est envisagée depuis quelques années. Après avoir été annoncé par l'ancien ministre de la Culture et de la Communication, Frédéric Mitterrand, le projet a tout d'abord été abandonné par le nouveau gouvernement. Mais suite au rapport Lescure sur les politiques culturelles à l'ère numérique, il semble relancé. Il pourrait être adossé au CNV et absorber d'autres structures professionnelles... Affaire à suivre !

Le FCM

Le FCM (Fonds pour la création musicale) est une association interprofessionnelle créée en 1984 sous l'impulsion de l'ensemble de la filière musicale. Son conseil d'administration, constitué essentiellement de représentants des sociétés civiles (Sacem, Adami, Spedidam, SCPP, SPPF), définit les objectifs suivants :

- favoriser la création et la diffusion des musiques d'aujourd'hui ;
- encourager l'émergence de jeunes talents ;
- accompagner la prise de risque.

Pour mener à bien ses missions, le FCM gère un budget de près de 5,3 M€ alimenté à 91 % par l'ensemble des sociétés civiles, sommes prélevées par ces mêmes sociétés sur les 25 % de la copie privée et les montants non répartissables de la rémunération équitable. Le ministère de la Culture ainsi que le Centre national du cinéma et de l'image animée (CNC) aident également aux budgets de certains programmes spécifiques.

L'action du FCM se décline en différents programmes d'intervention (voir tableau pages suivantes) :

- l'aide à la production phonographique (enregistrement) ;
- l'aide au spectacle vivant (concerts, tournées, premières parties, export, *showcases* pour lancements d'album) ;
- l'aide aux festivals (français et étrangers consacrant une part importante de leur programmation à des artistes français) ;
- l'aide à la formation, à la promotion et au développement (écoles de musique, master class, production de clips, DVD, programmes audiovisuels, distribution phonographique...).

	DISQUE « MUSIQUES »	SPECTACLE VIVANT « MUSIQUES »	DISQUE « VARIÉTÉS »	SPECTACLE VIVANT « VARIÉTÉS »	SPECTACLE VIVANT EXPORT	*SHOWCASE*
RÉPERTOIRE	Jazz de création, Musiques traditionnelles et du monde, Musique contemporaine (œuvres postérieures au 01/01/1945), Musique classique (œuvres ayant été enregistrées moins de 3 fois)	Jazz de création, Musiques traditionnelles et du monde, Musique contemporaine (œuvres postérieures au 01/01/1945), Musique classique (œuvres ayant été enregistrées moins de 3 fois), Musiques pour enfants	Rock, Chanson, Pop, Variété, Hip-hop, Musiques électroniques…	Rock, Chanson, Pop, Variété, Hip-hop, Musiques électroniques…	Tous répertoires	Tous répertoires
DEMANDEUR	Structure commerciale Association en production déléguée ou en licence avec une structure commerciale	Structure commerciale ou associative titulaire d'une licence d'entrepreneur du spectacle	Structure commerciale (les demandes émanant de structures de forme associative ne sont pas éligibles)	Structure commerciale ou associative titulaire d'une licence d'entrepreneur du spectacle	Employeur des artistes, qui seront rémunérés selon les règles en vigueur en France	Producteur discographique ou éditeur de l'artiste. **Pour le répertoire « Variétés », seules les structures commerciales sont éligibles** Employeur des artistes, qui seront rémunérés selon les règles en vigueur en France
OBLIGATIONS	Le bénéficiaire doit être l'employeur des artistes Le disque doit bénéficier d'une distribution commerciale nationale physique Le producteur (ou les coproducteurs) doivent apporter au moins 30 % du cadre subventionnable	Album ou DVD de moins de 15 mois faisant l'objet d'une distribution nationale (sauf pour les 1res parties et la musique contemporaine) **Le FCM intervient sur les dates vendues et produites** Concerts promotionnels : 4 concerts produits dans des grandes villes Tournées : - Jazz / musiques du monde et classique = 8 dates sur 4 mois Pas de minimum de dates pour les 1res parties et la musique contemporaine	Le bénéficiaire doit être l'employeur des artistes Le disque doit bénéficier d'une distribution commerciale nationale physique 50 % d'œuvres inédites (sauf pour les disques enregistrés en *live*) Le producteur (ou les coproducteurs) doivent apporter au moins 50 % du cadre subventionnable Il s'agit d'un 1er, d'un 2e ou d'un 3e album	Album ou DVD de moins de 15 mois faisant l'objet d'une distribution nationale (sauf pour les 1res parties) **Le FCM n'intervient plus sur les dates vendues** Tournées : au moins 2 dates produites 1res parties : pas de minimum de dates	Album de moins de 15 mois faisant l'objet d'une distribution en France ou dans le territoire visé (sauf pour la musique contemporaine) Pas de minimum de nombre de dates	Le disque doit dater de moins de 6 mois à la date de représentation Le disque doit bénéficier d'une distribution commerciale nationale physique Sont également concernés par ce programme les *showcases* type magasin Le dossier doit être envoyé au moins 15 jours avant la date L'artiste ne devra pas avoir vendu plus de 100 000 exemplaires de son dernier album
À SAVOIR	Soutien FCM limité à 30 % du cadre subventionnable, et plafonné à 15 000 € Le disque ne doit pas être commercialisé avant la date de la commission Le nombre d'aides est limité à 3 par an et par label. Une quatrième aide peut être envisagée dans le cadre d'un cumul d'au moins 2 genres musicaux distincts.	Soutien FCM limité à 15 % du budget et plafonné à 12 200 € Seules les dates ayant lieu après la date de la commission pourront être prises en compte L'artiste ne doit pas avoir été bénéficiaire d'un disque d'or au cours des 5 années précédant la sortie du dernier enregistrement Pour tous les projets musicaux, hors classique et contemporain, le nombre d'aides est limité à 3 par an par producteur. Pour les projets classique et contemporain, le nombre d'aides est limité à 3 par an et 1 aide par artiste. Les demandes aux organismes professionnels ne doivent pas excéder 50 % des recettes prévisionnelles (sauf pour les premières parties et la musique contemporaine)	Soutien FCM limité à 30 % du cadre subventionnable, et plafonné à 15 000 € Le disque ne doit pas être commercialisé avant la date de la commission L'artiste ne doit pas avoir été bénéficiaire d'un disque d'or Le nombre d'aides est limité à 3 par an et par label	Soutien FCM limité à 30 % du budget et plafonné à 8 000 € Seules les dates ayant lieu après la date de la commission pourront être prises en compte L'artiste ne doit pas avoir été bénéficiaire d'un disque d'or au cours des 5 années précédant la sortie du dernier enregistrement Le nombre d'aides est limité à 3 par an par producteur Les demandes aux organismes professionnels ne doivent pas excéder 50 % des recettes prévisionnelles (sauf pour les premières parties)	Soutien FCM limité à 15 % du budget et plafonné à 12 200 € (commission « Musiques ») Soutien FCM limité à 30 % du budget et plafonné à 8 000 € (commission « Variétés ») Seules les dates ayant lieu après la date de la commission pourront être prises en compte Le nombre d'aides est limité à 3 par an par producteur	Soutien de 2 500 € et ne pourra excéder 40 % du budget Sont éligibles les salles françaises ayant une jauge inférieure à 600 places Cette aide n'est pas cumulable avec les commissions spectacles vivants du FCM Le nombre d'aides est limité à 3 par an par producteur mais 1 par artiste La subvention est cumulable avec les conventionnements salles SCCP ou SPPF

FESTIVALS	FESTIVALS EXPORT	CLIP (PRIME À L'INVESTISSEMENT)	FONDS AUDIOVISUEL MUSICAL (FAM)	DVD	FORMATION	ÉDITION CONTEMPORAINE
Tous répertoires (nécessité d'une prédominance musicale pour les festivals pluridisciplinaires)	Festivals étrangers accordant une part importante de leur programmation aux artistes français	Tous répertoires	Tous répertoires à l'exception des formats courts (répertoires identiques à la commission « disque Musiques ») Portrait d'artiste et captation de concert dès lors qu'elle porte sur la prestation d'un artiste et non sur un plateau (réuni à l'occasion d'un festival par exemple)	Tous répertoires	Les répertoires musicaux non classiques : jazz, variétés, chanson, rock	Œuvres de musique contemporaine (lyriques, symphoniques, de musique de chambre), le jazz de création
Structure de droit privé organisatrice de la manifestation (titulaire d'une licence d'entrepreneur de spectacles)	Organisateur de la manifestation	Producteur de l'enregistrement phonographique (structure dont le siège social est basé dans un pays de la communauté européenne)	Producteur ou coproducteur de l'œuvre audiovisuelle (le producteur audiovisuel doit être juridiquement séparé du producteur phonographique de l'artiste)	Producteur du DVD titulaire d'un numéro EDV	Organisme de formation musicale qui propose des formations de niveau professionnel	Structure commerciale ayant dans son objet social l'activité d'édition musicale
<u>Billeterie payante</u> <u>Rémunération des artistes</u> Pour les festivals s'étalant sur 15 jours ou plus, votre programmation présente un minimum de 8 concerts sur 15 jours * <u>Jazz, traditionnel et tous genres</u> : 3e édition et une programmation d'un minimum de 3 jours * <u>Musiques actuelles</u> : 3e édition, une programmation d'un minimum de 3 jours et au minimum 10 artistes, groupes ou ensembles * <u>Classique et Contemporain</u> : 2e édition et une programmation d'un minimum de 2 jours		Les artistes concernés doivent être soit d'expression francophone soit français ou résidant en France Le disque doit bénéficier d'une distribution commerciale nationale physique L'apport du producteur phonographique (hors apport en industrie) doit être au moins égal au montant demandé au FCM	Diffusion par une chaîne de télévision française Pour une demande concernant un auteur ou un compositeur, ses œuvres devront faire l'objet d'une fixation phonographique en cours de distribution commerciale nationale physique Pour une demande concernant un artiste interprète, celui-ci devra avoir au moins un enregistrement phonographique en cours de commercialisation	Le DVD doit bénéficier d'une distribution commerciale nationale physique		Seules les œuvres inédites, de compositeurs vivants ou disparus depuis moins de 10 ans, faisant l'objet d'une interprétation publique garantie ou d'une production phonographique distribuée commercialement sont éligibles L'apport en fonds propres de l'éditeur doit représenter au moins 50 % des dépenses
Soutien FCM limité à 20 000 € par an Attention aux dates de dépôt de dossier	Soutien FCM limité à 25 % du budget consacré par le festival à la programmation d'artistes français	Montant de la prime limité à 30 % du budget prévisionnel, et plafonné à 7 700 € Le clip ne doit pas avoir été diffusé avant la date de la commission L'artiste ne doit pas avoir été bénéficiaire d'un disque d'or au cours des 5 années précédant la sortie du dernier enregistrement Le nombre d'aides est limité à 3 par an et par label	Soutien FCM limité à 25 % du budget de production (30 % pour les formats courts) et plafonné à 30 000 € Pas de diffusion avant la date de la commission Il n'est pas possible de cumuler l'aide FAM avec un autre soutien du CNC ou de la DMDTS Le nombre d'aides est limité à 3 par an Dans le cadre des formats courts, une demande portant sur une série est éligible si elle concerne un ensemble de numéros n'excédant pas 24 minutes au total ou une collection de 5 programmes maximum de moins de 24 minutes chacun. La demande ne peut excéder 30 000 € et 30 % du budget total de la série.	Soutien FCM limité à 30 % du budget et plafonné à 10 000 € Le DVD ne doit pas être commercialisé avant le date de la commission L'aide porte sur les frais de postproduction (mastering, authoring) du DVD	Attention aux dates de dépôt de dossier : le 15 octobre et le 15 décembre de chaque année	Soutien FCM limité à 30 % du montant du budget d'édition et jusqu'à 40 % pour les œuvres « lourdes » (opéras, grand orchestre…) ainsi que pour les compositeurs faisant l'objet d'une première signature chez un éditeur, aide plafonnée à 18 000 €. La priorité sera donnée aux œuvres qui supposent un travail d'édition important ou difficile (durée, complexité, nombre de musiciens impliqués) Le nombre d'aides est limité à 3 par an par éditeur. Toutefois, il est possible de bénéficier d'une aide supplémentaire qui devra obligatoirement concerner une œuvre faisant l'objet d'une commande d'État, ainsi qu'une seconde aide supplémentaire qui devra, elle, concerner une musique de film (un même éditeur ne pouvant bénéficier que d'une seule aide à l'édition de musique de film par an)

Minima à respecter

Depuis le début de l'année 2014, les demandes de subventions doivent obligatoirement être déposées en ligne sur une nouvelle plate-forme Internet baptisée l'I-FCM : www.i-lefcm.org.

Chaque programme est géré par une commission professionnelle souveraine où se rassemblent des auteurs, des compositeurs, des éditeurs, des producteurs, des artistes et des représentants du ministère de la Culture et de la Communication. Chacune de ces commissions dispose de son propre budget et sélectionne les projets selon des critères de professionnalisme et de strict respect des réglementations en vigueur. En 2012, le FCM a soutenu 533 projets (sur 960 demandes) pour une aide moyenne de 7 987 € par dossier.

À noter

Le ministère de la Culture et de la Communication a annoncé fin 2013 le lancement d'un nouveau plan de soutien à la production et à la diffusion de musique. Deux nouveaux dispositifs sont désormais proposés via le FCM :

- le premier à destination des labels ayant au moins une année d'existence, trois artistes signés et dont le chiffre d'affaires est inférieur à 1,5 M€ ;

- le second pour les plates-formes musicales indépendantes favorisant la diversité de l'offre en ligne et dont le chiffre d'affaires est inférieur à 3 M€.

Les structures d'aide à l'export

Les artistes musicaux français, sous l'impulsion du mouvement French touch né dans les années 1990 avec l'essor des musiques électroniques (Laurent Garnier, Cassius, Daft Punk, St Germain, Étienne de Crécy...), connaissent un développement croissant à l'international. Les professionnels du secteur intègrent de plus en plus cette dimension d'export à leurs stratégies et peuvent faire appel au soutien de quelques structures spécialisées.

Chiffres export 2012.

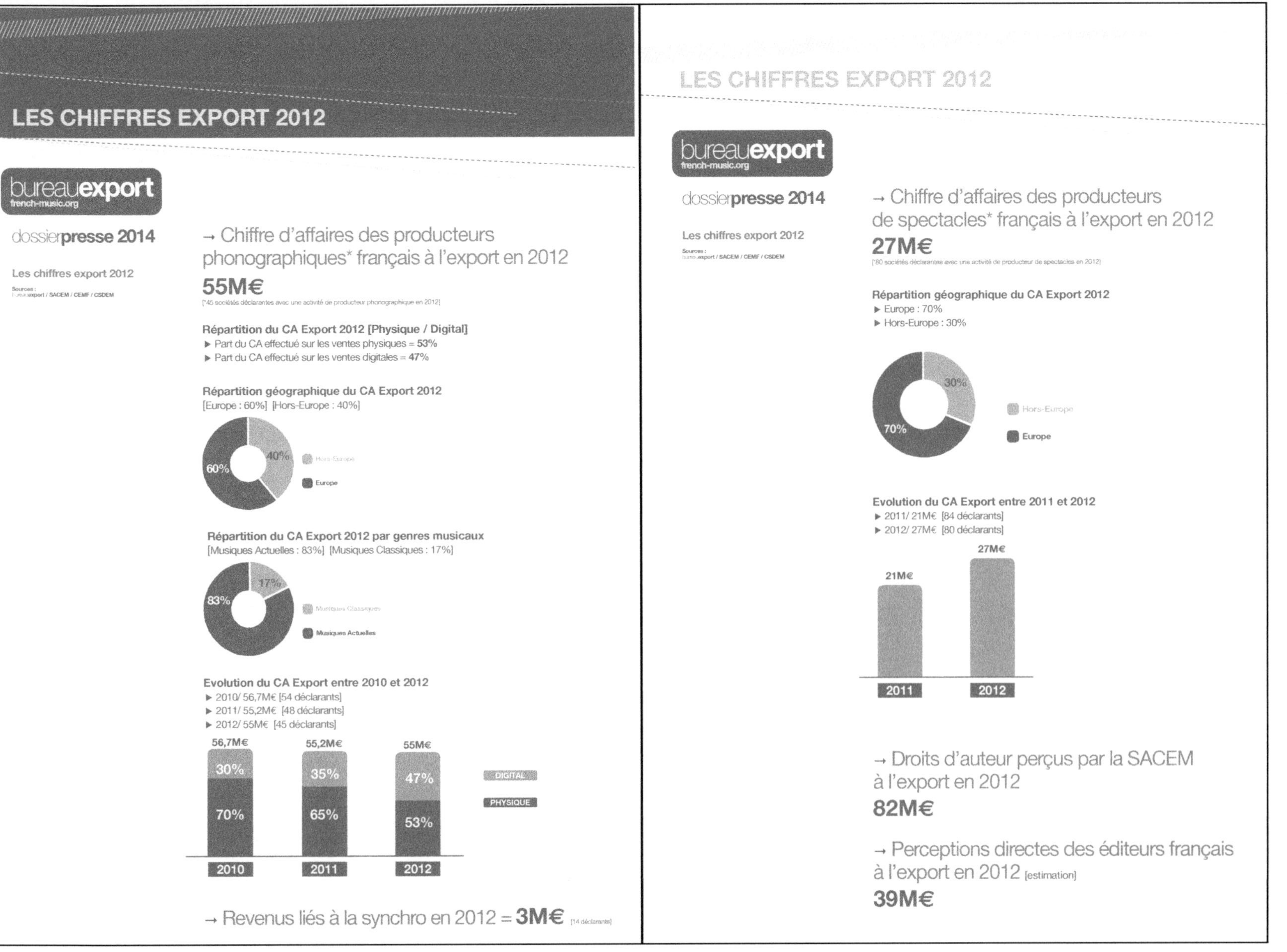

Politique d'adhésion 2014 au Bureau export.

►politique d'adhésion 2014

Le dispositif d'aides proposé par le bureau**export** s'adresse uniquement à ses membres, dont il coordonne les intérêts partagés à l'export.

Pour devenir membre de l'association bureau**export**, il faut impérativement remplir les critères suivants :

- être une **structure juridique européenne**

- avoir un répertoire de plusieurs artistes ou auteurs justifiant d'un **environnement professionnel solide sur le marché français** (label, distributeur physique et digital, éditeur, producteur de spectacles, manager, agent) pouvant ainsi mutualiser le financement des investissements à l'international,

- justifier d'une **stratégie de développement effective à l'international** et cohérente avec celle mise en place sur le marché français.

NB : être membre de l'un des organismes financeurs du bureau**export** *est un atout important*

Pour les <u>producteurs de spectacles et managers</u>, il est impératif d'avoir un catalogue d'artistes développés à l'export et remplissant l'une des conditions suivantes :

- artistes produits par une maison de disques membre du bureau**export**

- artistes ayant une licence ou une distribution physique pour l'export avec une maison de disques membre du bureau**export**.

- créateurs affiliés auprès d'une société d'auteurs membre du bureau**export** et ayant un éditeur membre du bureau**export**

Pour les <u>agents artistiques et ensembles</u>, il est impératif d'avoir un catalogue d'artistes développés à l'export et remplissant l'une des conditions suivantes :

- artistes français (résidents en France depuis au moins 5 ans)

- artistes produits par une maison de disques membre du bureau**export**

Les membres actifs soutiennent le dispositif bureau**export** de façon significative, aux côtés des membres de droit (financeurs de l'association) et inscrivent de ce fait leur structure dans une démarche collective de soutien actif à la filière. La contribution annuelle d'un membre actif représente une cotisation volontaire basée sur le chiffre d'affaires annuel de la structure.
Le barème de calcul est le suivant :

Chiffre d'affaires de < 600 000 €	Contribution de 300 € HT
Chiffre d'affaires de 600 000 € à 1M€	Contribution de 500 € HT
Chiffre d'affaires de 1M€ à 3M€	Contribution de 750 € HT
Chiffre d'affaires de 3M€ à 6M€	Contribution de 1000 € HT
Chiffre d'affaires de 6M€ à 10M€	Contribution de 1500 € HT
Chiffre d'affaires de 10M€ à 15M€	Contribution de 2000 € HT
Chiffre d'affaires de 15M€ à 20M€	Contribution de 3000 € HT
Chiffre d'affaires de > 20M€	Contribution de 5000 € HT

NB : les membres actifs peuvent candidater pour un siège au Conseil d'Administration du bureau**export** *(6 à 8 sièges) et aux Commissions.*

4

Les membres adhérents participent au dispositif bureau**export** sous la forme de cotisation annuelle de <u>200€ HT minimum </u>par structure.

NB : les membres adhérents peuvent candidater pour un siège au Conseil d'Administration du bureau**export** *(1 à 3 sièges) et aux Commissions.*

Si votre société est éligible au vu des critères de cette politique d'adhésion, merci de remplir la demande d'adhésion correspondant à votre genre musical (Musiques Actuelles ou Musiques Classiques) et la renvoyer à :
Sophia Mounssif / Musiques Actuelles : sophia.m@french-music.org
Morgane Krikorian / Musiques Classiques : morgane.k@french-music.org

Une fois que le bureau**export** aura réceptionné votre demande dûment remplie, une réponse vous sera communiquée dans un délai maximum de 30 jours.
Si votre demande d'adhésion est acceptée, vous recevrez alors un formulaire de validation de votre adhésion, à remplir et renvoyer accompagné de votre règlement.

Le Bureau export de la musique française

Depuis 1993, le Bureau export (www.french-music.org) est une association loi 1901 qui accompagne la filière musicale française dans le développement de ses artistes à l'international. Pour développer ses actions, il bénéficie d'un budget de 3,1 M€ (2013), issu de financements mixtes des partenaires publics (ministère de la Culture et de la Communication, ministère des Affaires étrangères, Ubifrance, Institut français) et professionnels (SNEP, UPFI, SPPF, SCPP, Sacem, FCM, CNV). Son dispositif d'aides s'adresse aux professionnels français actifs à l'export, membres de l'association (producteurs de disques, éditeurs, distributeurs, producteurs de spectacles, managers) et justifiant :

- d'un environnement professionnel solide autour de leurs artistes ;
- d'une stratégie de développement effective à l'international.

Le dispositif du Bureau export s'articule autour de quatre axes principaux :

- **l'information et la veille** : lettres régulières d'information, base de données actualisée de contacts internationaux, fiches signalétiques des principaux marchés à l'export (indicateurs, chiffres…) ;
- **la mise en relation** : conseils personnalisés, identification de partenaires locaux potentiels, invitation à des rencontres organisées entre professionnels français et internationaux, présence lors des principaux salons internationaux… ;
- **la promotion** auprès de professionnels internationaux lors de *showcases* d'artistes français organisés dans le cadre de salons internationaux, de programmations d'artistes français dans des festivals internationaux, via le site Internet du Bureau export (www.french-music.org)… ;
- **le soutien financier** : tournées à l'étranger, actions de promotion et de prospection.

Créée en 1993, Francophonie Diffusion était une association destinée à promouvoir la médiatisation des artistes français et francophones dans le monde. Elle a notamment noué des partenariats avec quelque mille radios et médias en ligne sur les cinq continents. De nombreux artistes, comme Camille, Gotan Project, Amadou & Mariam, Anggun, David Guetta, Charlotte Gainsbourg, Manu Dibango, M83 ou Vanessa Paradis, en ont bénéficié dans leur développement à l'international. Depuis le 1er janvier 2014, Francophonie Diffusion a fusionné avec le Bureau export qui coordonne désormais la plate-forme francodiff.org (voir figure ci-contre).

À noter

Pour développer son action, le Bureau export s'appuie sur un bureau central basé à Paris et sur un réseau de cinq bureaux implantés sur des territoires stratégiques à travers le monde : Berlin, Londres, New York, Tokyo, São Paulo.

Le réseau francodiff.org dans le monde (www.francodiff.org, une plate-forme du Bureau export).

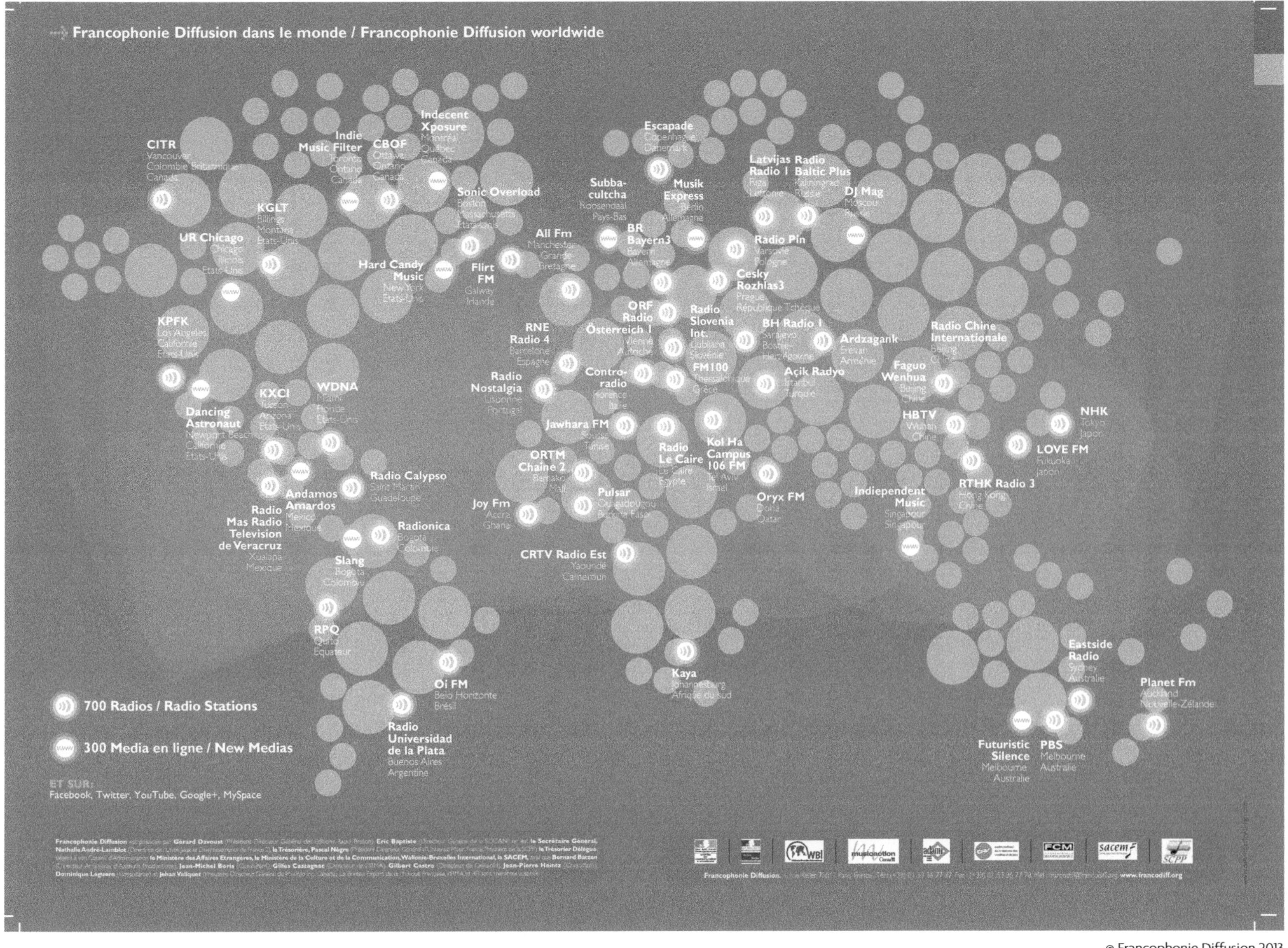

L'Institut français

L'Institut français, anciennement dénommé « CulturesFrance », n'est pas à proprement parler un organisme professionnel mais l'opérateur de l'action culturelle de la France. Il s'agit d'un ÉPIC (Établissement public à caractère industriel et commercial) créé par la loi du 27 juillet 2010, placé sous la tutelle du ministère des Affaires étrangères et européennes, et actuellement présidé par l'ancien ministre Xavier Darcos.

Sa mission principale est d'apporter « le soutien de l'action culturelle aux stratégies diplomatiques de la France » (www.institutfrancais.com) en favorisant notamment les échanges artistiques internationaux. S'appuyant sur l'ensemble du réseau des établissements culturels français à l'étranger, composé de 96 instituts français et plus de 900 Alliances françaises présents dans 161 pays (premier réseau culturel au monde), l'Institut français intervient dans des domaines variés tels que :

- les arts visuels et l'architecture ;
- les arts de la scène et la musique ;
- la littérature ;
- le cinéma ;
- la langue française (formation...).

Concernant la musique, l'Institut français développe des actions tant au niveau des musiques actuelles que des musiques classique et contemporaine. Le département « Musiques actuelles » tient notamment :

- **à favoriser la présence d'artistes français** dans de grandes manifestations musicales dans le monde en invitant des programmateurs étrangers sur des événements nationaux, comme certains festivals d'envergure (Trans Musicales de Rennes, Printemps de Bourges...) ;
- **à soutenir des tournées internationales d'artistes français** en facilitant leur venue dans des centres culturels français à l'étranger, des ambassades...

Les syndicats

Comme tout secteur d'activité, la filière musicale dispose de différents syndicats professionnels, répartis par domaines d'activité (artistes, musique enregistrée, édition musicale, scène, management...), et dont la mission principale est la défense des intérêts de ses membres (actions de lobbying, négociation de conventions collectives, laboratoires d'idées…).

En voici les principaux, bien que cette liste ne soit pas exhaustive.

1. Artistes :
   - SNAC (Syndicat national des auteurs et compositeurs) ;
   - UNAC (Union nationale des auteurs et compositeurs) ;
   - SFA (Syndicat français des artistes) ;
   - SNAM (Syndicat national des artistes musiciens) ;
   - UCMF (Union des compositeurs de musique de film).

2. Éditeurs de musique :
   - CSDEM (Chambre syndicale des éditeurs de musique) ;
   - CEMF (Chambre de l'édition musicale française).

3. Musique enregistrée :
   - UPFI (Union des producteurs français indépendants) ;
   - SNEP (Syndicat national de l'édition phonographique).

4. Scène :
   - Prodiss (Syndicat national des producteurs, diffuseurs et salles de spectacles) ;
   - Syndeac (Syndicat national des entreprises artistiques et culturelles) ;
   - SNES (Syndicat national des entrepreneurs de spectacles) ;
   - Synapss (Syndicat national des petites structures de spectacles) ;
   - SMA (Syndicat national des petites et moyennes structures non lucratives de musiques actuelles).

5. Management :
   - MMF France (Music manager forum France) ;
   - Snaal (Syndicat national des agents artistiques et littéraires).

Chapitre 3

Les dispositifs d'accompagnement, de repérage et de formation

Les réseaux et les fédérations

Il existe différentes structures d'intérêt général regroupées en fédérations ou réseaux à des échelles locale, nationale et internationale. Ces entités, majoritairement associatives, ont été créées afin de structurer le secteur musical sur leur territoire. Certaines favorisent également des actions en faveur du développement de carrière d'artistes émergents. Il est important de les connaître, voire d'y adhérer, notamment pour développer son propre réseau professionnel.

Au niveau local

Différentes structures cohabitent localement : les réseaux de musiques actuelles, les ADDM (Associations départementales de développement musical et chorégraphique) et les associations « Musique et danse ». Leurs missions, certes d'intérêt général, sont bien souvent similaires, et un débat s'est instauré depuis quelques années sur l'intérêt d'un tel émiettement de compétences et de financements.

Les réseaux de musiques actuelles

L'idée de constituer des réseaux de musiques actuelles germe en France dès les années 1980 et nombre d'entre eux se sont créés dans les années 1990. À cette époque, le fort développement des pratiques musicales ainsi que l'apparition de nouvelles disciplines (musiques urbaines, musiques électroniques…) ont engendré un besoin de structuration du secteur dans de nombreux territoires. Le fonctionnement et les problématiques de la filière musicale étaient en effet peu connus, notamment des pouvoirs publics.

Différents acteurs des musiques actuelles (Scènes de musiques actuelles, MJC, festivals, radios associatives, écoles de musique, studios, labels, managers, entrepreneurs de spectacles…) ont ainsi décidé de se regrouper localement en réseau afin de développer des actions sur leur territoire.

Ces réseaux, également nommés «pôles régionaux de musiques actuelles », sont progressivement apparus à différentes échelles :

- au niveau régional, c'est le réseau le plus étendu : le RIF (Île-de-France), le RAMA (Aquitaine), la Fraca-Ma (Centre), le POLCA (Champagne-Ardenne), le RAOUL (Nord-Pas-de-Calais), Le Pôle (Pays de la Loire), TREMA (PACA), Avant-Mardi (Midi-Pyrénées), RunMuzik (La Réunion)… ;

- au niveau départemental, essentiellement en Île-de-France : le CRY (78), le Réseau 92, Rezonne (91), Combo 95, Réseau Musiques 94, MAAD 93, Pince-Oreilles (77) ;

- au niveau municipal, avec l'exemple quasi unique du MAP (Musiques actuelles Paris).

Ces structures associatives sont financées par :

- les collectivités territoriales d'accueil (commune, intercommunalité, département, région) ;

- les DRAC (Direction régionale des affaires culturelles), c'est-à-dire les bureaux régionaux du ministère de la Culture et de la Communication ;

- les Directions régionales et départementales de la jeunesse, des sports et de la vie associative (plus rare).

Ces différents réseaux partagent les mêmes objectifs :

- le conseil et l'expertise pour les artistes et professionnels du secteur, avec notamment l'élaboration et la mise à disposition de ressources : enquêtes et études (par exemple, les publics des festivals dans une région), ouvrages professionnels et fiches pratiques (souvent édités par l'IRMA)… ;

- la mise en réseau afin de mutualiser les moyens des adhérents et de développer des actions communes, notamment de lobbying envers les collectivités territoriales ;

- information et prévention du public : édition d'agendas de concerts sur le territoire, prévention des risques auditifs (en partenariat avec AGI-SON)... ;
- la formation tant artistique (ateliers d'écriture, MAO, master class...) que technique (sonorisation...) et administrative (management de projets culturels, production, communication...). Ces formations sont très souvent organisées en partenariat avec l'IRMA ;
- le repérage et l'accompagnement : soutien à la promotion et à la diffusion d'artistes régionaux en développement (organisation de tournées régionales d'artistes émergents, comme TREMA Le Tour en région PACA, le dispositif Propul'Son mis en place par la Fraca-Ma en région Centre) et soutien à des événements locaux (aux festivals, etc.).

© TREMA – www.trema-paca.org

Logo TREMA Le Tour 2013-2014.

© Fraca-Ma – www.propulson.com

Logo Propul'Son.

Les organismes départementaux de développement territorial du spectacle vivant

En 1982, une circulaire du ministère de la Culture évoque les Associations départementales de développement musical (ADDM, ADDA, Addam...) comme les « instances privilégiées, au plan départemental, de concertation, d'harmonisation des projets et de coordination des activités musicales et chorégraphiques ». Ces associations, regroupées sous l'appellation d'« organismes départementaux de développement territorial du spectacle vivant » depuis une nouvelle charte signée en 2006, représentent en quelque sorte les opérateurs culturels des conseils généraux qui en sont les principaux financeurs.

Les DRAC, et parfois même les communes ou communautés de communes, complètent souvent le financement de ces structures départementales regroupées au sein de la fédération « Arts vivants & départements » dont le site Internet recense toutes les structures : www. arts-vivants-departements.fr/ressources-et-territoires.html. Certaines de ces associations ont cependant fait le choix de ne plus faire partie de cette fédération, notamment pour diversifier leurs activités (ingénierie culturelle en matière sociale...) et élargir leur champ d'action à d'autres disciplines (théâtre...).

Concernant la musique, leurs missions se rapprochent souvent de celles des réseaux de musiques actuelles : information/ressources, formation, accompagnement de projets et repérage d'artistes locaux, comme les dispositifs « Les Émergences » de Mayenne Culture et « Partis pour un tour », mis en place par Itinéraires Bis dans les Côtes-d'Armor.

Aujourd'hui, dans un contexte morose des finances publiques (désengagement des crédits d'État aux collectivités territoriales), un nombre croissant de ces structures est réintégré aux conseils généraux. L'AC2M, ex-Agence culturelle Meurthe-et-Moselle, est par exemple devenue depuis le 1er janvier 2014 le service Culture intégré au conseil général du département.

Les associations régionales Musique et danse

À l'image des départements, les conseils régionaux disposent également de leurs propres structures culturelles souvent regroupées sous l'appellation « Musique et danse » : l'Ariam en Île-de-France, l'ARSV en Poitou-Charentes, la Nacre en Rhône-Alpes, Liaisons Arts Bourgogne... Nombre de ces entités sont membres de la Plate-forme interrégionale (PFI) d'échange et de coopération pour le développement culturel dont le site Internet propose une cartographie de ses adhérents : www.pfi-culture.org.

Les associations Musique et danse, qui privilégient de plus en plus le statut d'ÉPCC (Établissement public de coopération culturelle), financées par les conseils régionaux et les DRAC, partagent globalement les mêmes missions que les ADDM mais au niveau régional, ce qui peut poser des problèmes en termes d'enchevêtrement d'objectifs et de compétences... Il est pourtant toujours pertinent, notamment pour les artistes émergents, de se renseigner sur les dispositifs de soutien et d'accompagnement proposés par ces structures.

Au niveau national

Plusieurs regroupements de structures existent également à l'échelon national, prenant souvent la forme de fédérations. Nous pouvons distinguer les centres de ressources (l'IRMA essentiellement) des fédérations de professionnels (diffuseurs de concerts, labels indépendants, médias musicaux…).

Le centre d'information et de ressources pour les musiques actuelles : l'IRMA

Association loi 1901 créée en 1986, l'IRMA (Information et ressources en musiques actuelles) est conventionné par le ministère de la Culture et de la Communication et également soutenu par les organismes professionnels de la filière musicale (Sacem, Adami, FCM, CNV, SPPF).

L'IRMA se positionne comme « un pôle de référence national assurant une mise à disposition de ressources expertisées » (www.irma.asso.fr). Il s'agit d'un centre ouvert à tous les acteurs des musiques actuelles qui souhaitent s'informer, s'orienter ou se former. L'IRMA propose ainsi plusieurs dispositifs :

- un lieu d'accueil ouvert au public (22, rue du Soleillet, 75020 Paris) permettant l'achat ou la consultation des différentes ressources ;

- la conception et la mise à disposition de ressources professionnelles : site Internet dédié (annuaire de 50 000 professionnels, fiches pratiques, actualité professionnelle, documentation, annonces d'emplois et de stages…), publications (annuaires, guides professionnels…), conférences, études (nuisances sonores…) ;

- la formation, constituée d'une quarantaine de modules courts (de un à cinq jours), est répartie sur différentes thématiques (management, production, gestion, Internet…). L'IRMA propose également, au sein de l'université de Nanterre, un cursus universitaire d'un an spécialisé dans la gestion et la production des activités musicales.

Même si l'IRMA regroupe depuis 1994 le CIR (Centre d'information rock, hip-hop, chanson, musiques électroniques), le CIJ (Centre d'information du jazz) et le CIMT (Centre d'information des musiques traditionnelles et du monde), il ne s'agit pas d'une fédération à proprement parler.

Cependant, l'IRMA a développé un réseau de soixante-six correspondants sur l'ensemble du territoire français, souvent des réseaux régionaux et départementaux de musiques actuelles ou des salles de concerts (liste complète : www.irma.asso.fr/-Les-correspondants). Ces différentes structures partenaires permettent de relayer l'ensemble des actions de l'IRMA sur le territoire français, tant au niveau des ressources que des formations.

Les fédérations et les réseaux de professionnels

Certains professionnels français se sont également regroupés en fédérations et réseaux. Ces structures partagent les mêmes objectifs :

- la représentation collective auprès des institutions ;
- la mutualisation des moyens, notamment en termes de communication et de recherche de partenaires et de financements ;
- le partage des informations et des expériences des membres du réseau.

Ces entités se sont constituées par secteur d'activité, avec notamment :

- des artistes : la GAM (Guilde des artistes de la musique), qui regroupe créateurs et interprètes de la musique ;
- des salles de concerts : la Fédélima (Fédération des lieux de musiques actuelles), issue de la fusion de la Fédurok et la Fédération des scènes de jazz. Elle regroupe 139 salles de concerts, majoritairement les SMAC, label accordé à certains lieux n'œuvrant que dans les musiques actuelles : www.fedelima.org (voir ci-contre) ;
- des festivals : le Réseau des festivals de culture électronique, le Flow (réseau des festivals hip-hop), France Festivals... ;
- des labels indépendants : la Félin (Fédération nationale des labels indépendants), CD1D (fédération représentant plus de deux cents labels indépendants)... ;
- des disquaires indépendants : Starter (réseau créé en 1994 qui compte aujourd'hui une soixantaine de magasins adhérents), le Calif (Club action des labels indépendants en France, destiné à soutenir les disquaires indépendants par le biais de dispositifs comme le « Disquaire Day ») ;
- des médias spécialisés, et notamment associatifs : Radio Campus France (réseau de vingt-deux radios étudiantes françaises), la Ferarock (fédération de vingt-trois radios associatives rock, médias non négligeables pour la découverte de nouveaux talents qui établissent notamment un classement mensuel des artistes les plus diffusés).

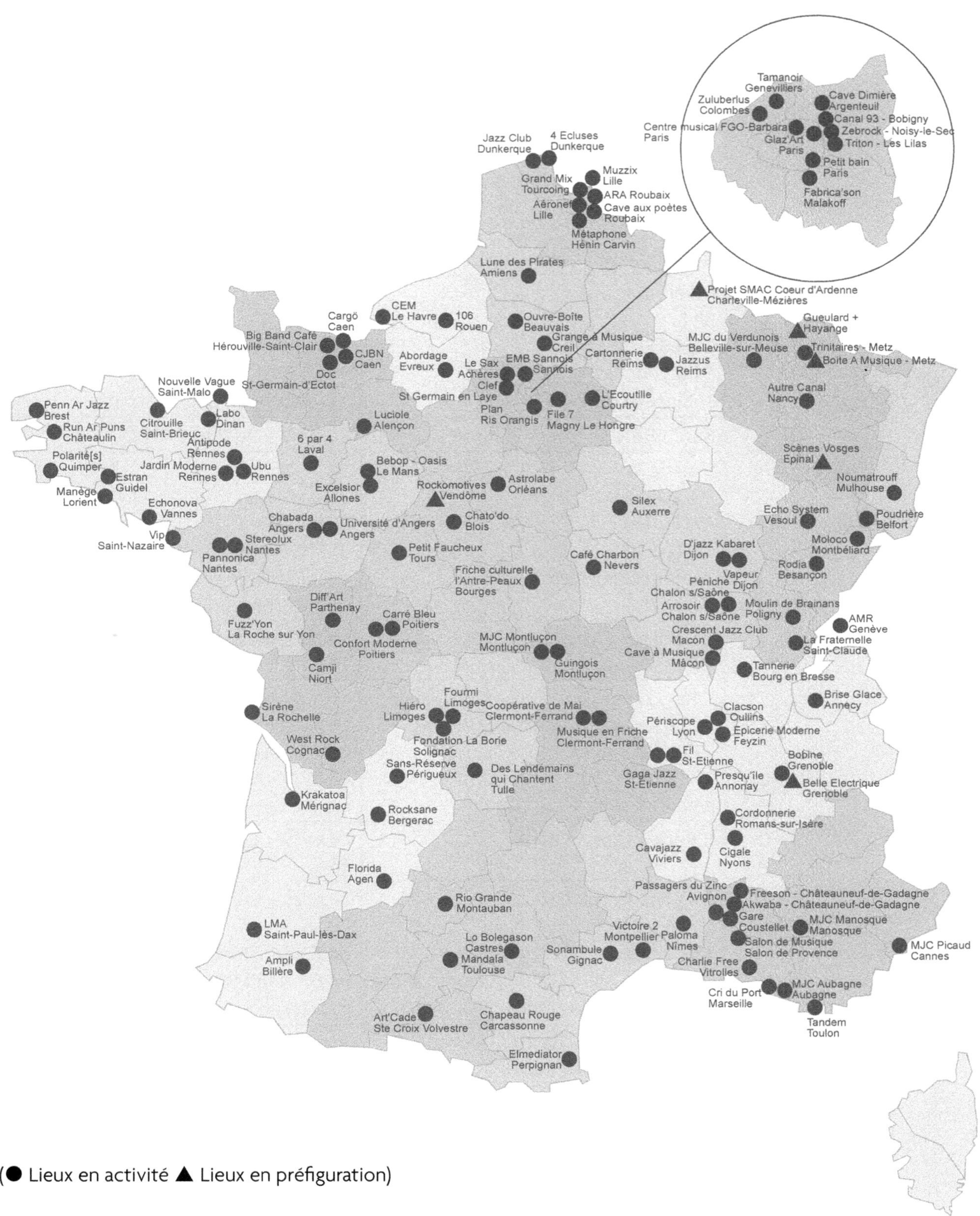

(● Lieux en activité ▲ Lieux en préfiguration)

Carte des lieux membres de la Fédélima.

Annuaire des radios Ferarock – Programmateurs.

France	
666 – Caen 99.1	**Radio Activ' – Saint-Brieuc 101.9**
Dominique Marie 11, rue Huon-de-Méry 10000 Troyes 02 31 94 66 66 dmarie.666@wanadoo.fr	Marc Mithouard 13, rue des Frères-Benoît 22360 Langueux 02 96 52 26 03 marcus@radio-activ.com
Ballade – Espéraza 101.8	**Beaub FM – Limoges 89.0**
Dominique Guerreiro BP 57 11260 Espéraza 04 68 74 25 74 antenne@radioballade.com	Laurent Poingt BP 2031 87070 Limoges Cedex 05 55 35 03 19 laurentbeaubfm@gmail.com
Radio Béton – Tours 93.6	**Canal B – Rennes 94.0**
Violette Angé 90, avenue Maginot 37100 Tours 02 47 51 11 22 direction@radiobeton.com	Yann Barbotin 3, rue Alexandre-Lefas BP 50106 35701 Rennes Cedex 09 65 15 32 82 yann@canalb.fr
Coloriage – Montbard 103.9	**Radio Coteaux – Auch/Tarbes 104.5/97.7**
Denis Péchon 9, rue Eugène-Guillaume 21500 Montbard 03 58 02 80 00 programmateur@coloriage.fr	Patrick Martinez Le Village 32140 Saint-Blancard 05 62 66 92 25 radio.coteaux@orange.fr
C'Rock – Vienne 89.5	**L'Éko des Garrigues – Montpellier 88.5**
Jean-Michel Lebreux 2, rue Jean-Moulin 38200 Vienne 04 74 78 17 17 (17 20 programmation) prog@crockradio.com	Stéphane Tosi BP 5555 34072 Montpellier Cedex 3 04 67 70 80 86 info@ekodesgarrigues.com
FMR – Toulouse 89.1	**Radio en Construction – Strasbourg 90.7**
9, boulevard des Minimes 31200 Toulouse 05 61 58 35 12 contact.labels@radio-fmr.net	Stéphane Boltz BP 80124 67069 Strasbourg Cedex 03 88 60 09 15 sb@radioenconstruction.com

Radio Dio – Saint-Étienne 89.5	**Fréquence Mutine – Brest 103.8**
Lionel Fayolle 20, rue Henri-Dunant BP 70001 42009 Saint-Étienne Cedex 2 09 53 05 08 95 prog@radiodio.org	Cédric Fautrel et Claude Martin BP 13125 29231 Brest 02 98 05 09 11 contact@frequencemutine.net
Graf'Hit – Compiègne 94.9	**PFM – Arras 99.9**
Nicolas Calmels (Bryan) BP 60319 60203 Compiègne Cedex 03 44 23 46 75 bryan@grafhit.net	Boris et Nicolas 61, Grand-Place 62000 Arras 03 21 50 99 99 pfm@radiopfm.com
Radio Primitive – Reims 92.4	**RCV – Lille 99.0**
Éric Jonval 26, rue du Dr-Schweitzer BP 2169 51081 Reims Cedex 03 26 02 33 76 radio.primitive@wanadoo.fr	Ben Vahtar 41, boulevard Vauban 59046 Lille Cedex 03 20 54 12 11 rcv.lille@wanadoo.fr
Sol FM – Lyon 100.7	**Vallée FM – Marne-la-Vallée 98.4**
Marie Rudeaux 53, rue Francisque-Jomard 69600 Oullins 04 78 51 16 85 solfm-marie@wanadoo.fr	Christophe Avellanéda 2 bis, rue du Parc 77185 Lognes 01 64 11 91 90 musique@valleefm.fr
Canada et Belgique	
Équinoxe – Namur 106	**Radio Panik – Bruxelles 105.4**
14, rue de la Jonquière 5020 Champion Belgique +32 81 30 26 63 prog@equinoxenamur.be	49, rue Saint-Josse 1210 Bruxelles Belgique +32 (0)2 732 14 45 cp@radiopanik.org
CIBL – Montréal 101.5	
Maurice Bolduc 2 Ste-Catherine est – Suite 201 Montréal – H2X 1K4 Québec 514 526 2581 disco@cibl1015.com	

FERAROCK

Fédération Des Radios Associatives Musiques Actuelles

TRENTE DE FRANCE - JANVIER 2014

Le TRENTE DE FRANCE est le classement mensuel des artistes français et francophones les plus diffusés sur les radios FERAROCK, tous supports confondus. Il est le reflet des programmations de janvier 2014.

En gras, les albums en partenariat avec la FERAROCK
C = Classement; CP = Classement Précédent; E = Entrée; RE = Ré-entrée

C	CP	Artiste	Album	Label / Distributeur
1	1	**PSYKICK LYRIKAH**	**Jamais Trop Tard**	**Ulysse Prod / Yotanka**
2	22	**EMPIRE DUST**	**Empire Dust**	**Last Exit**
3	4	GESAFFELSTEIN	Aleph	Parlophone / EMI
4	9	DICK VOODOO	Dick Voodoo	Papa's Prod
5	E	**MICHEL CLOUP DUO**	**Minuit Dans Tes Bras**	**Ici D'ailleurs / Differ-Ant**
6	7	**VON PARIAHS**	**Hidden Tensions**	**Yotanka / Differ-Ant**
7	2	**PUNISH YOURSELF**	**Holiday In Guadalajara**	**New Track / Codex**
8	30	TOYBLOID	From Scratch	Autoproduction
9	E	PIGALLE	T'inquiète	Saucissong
10	5	ORLY CHAP	Valley Of Joy	Peacefull / Musicast
11	10	DEPORTIVO	Domino	Titanic / Universal
12	12	LA MAISON TELLIER	Beauté Pour Tous	At(H)Ome / Wagram
13	E	CRAFTMEN CLUB	Eternal Life	Upton Park / L'Autre Distribution
14	8	GIRLS IN HAWAII	Everest	Naive
15	26	YODELICE	Square Eyes	Mercury / Universal
16	19	SYNTAX ERROR	Interesting Results	Label Vibrant
17	11	CHAPEL HILL	One For The Birds	Cosmopolite
18	3	FUMUJ	Fumuj	Du Bruit Au Balcon / L'Autre Distribution
19	E	DETROIT	Horizons	Barclay / Universal
20	E	MOTHER OF TWO	So Lame	EP Sober and Gentle / Sony
21	13	**BRAIN DAMAGE MEETS VIBRONICS**	**Empire Soldiers**	**Jarring Effects / L'Autre Distribution**
22	E	**LANSKIES**	**Hot Wave**	**ZRP**
23	29	DISSONANT NATION	We Play We Are	Cinq 7/ Wagram
24	E	1=0	Sabre	EP Quinoxe
25	E	THEY CALL ME RICO	This Kind Of Life	Voxton
26	RE	LYRE LE TEMPS	Outside In The Box	Believe
27	24	TREPONEM PAL	Survival Sounds Remixes	Higher / Juste Une Trace
28	E	SUKOI FEVER	Amen	Opposite
29	17	**WASHINGTON DEAD CATS**	**Primitive Girls Are More Fun**	**Devil Deluxe / PIAS**
30	E	PEGASE	Pegase	Also / Sony

La FERAROCK est une fédération de 23 radios associatives ROCK.
Elle rassemble 20 radios en France, 2 en Belgique et une au Canada.

Tous les mois, retrouvez le Trente de France sur **www.ferarock.org**

FERAROCK - 9-11 rue de Dinan 35000 RENNES - T: 02 23 48 62 78
Classement réalisé à partir des airplays des radios de la FERAROCK – FRANCE

666 – Caen // RADIOACTIV' – Saint-Brieuc // RADIO BALLADE – Esperaza // BEAUB FM – Limoges // RADIO BETON -Tours // CANAL B - Rennes // COLORIAGE – Montbard // RADIO COTEAUX – Auch/Tarbes // C'ROCK – Vienne // RADIO DIO – Saint-Étienne // EKO – Montpellier // RADIO EN CONSTRUCTION – Strasbourg // FMR – Toulouse // FREQUENCE MUTINE – Brest // GRAF'HIT – Compiègne // PFM – Arras // RADIO PRIMITIVE – Reims // RCV – Lille // SOL FM – Lyon // VALLEE FM – Marne-la-Vallée

Classement mensuel Ferarock.

<table>
<tr><td>

À noter

Certaines de ces fédérations ont également développé des dispositifs de repérage et d'accompagnement d'artistes. La Fédurok (la Fédélima maintenant) a notamment créé, depuis 2010, avec le soutien financier de l'Adami et de la Sacem, le « 78 Tours » destiné à mettre en lumière la diversité musicale et à faciliter la circulation d'artistes en dehors de leur région d'origine. Trois groupes sont ainsi sélectionnés chaque année par les lieux adhérents de la Fédélima. Ils se voient alors proposer une résidence et une série de dates au sein de SMAC et de salles européennes partenaires (en Espagne en 2012).

</td></tr>
</table>

Logo « 78 Tours ».

© La Fédurok – www.la-fedurok.org

Au niveau international

Phénomène relativement récent, certains réseaux et fédérations se sont créés à l'échelon international et surtout européen.

Zone Franche, le réseau des musiques du monde, en est l'un des pionniers. Association créée en France en 1990 dans le but de décloisonner les musiques du monde, Zone Franche est une organisation transversale qui rassemble toutes les catégories d'acteurs du secteur : labels, éditeurs, managers, festivals, salles, médias... Ce réseau est financé par le ministère de la Culture, les sociétés civiles (Sacem, Adami, Spedidam, SPPF), les fonds de soutien (CNV et FCM) et l'OIF (Organisation internationale de la francophonie).

Forte de plus de 180 structures adhérentes réparties dans plus de 20 pays, Zone Franche développe plusieurs pôles d'activité :

- la communication, afin de valoriser les musiques du monde et les activités des structures membres ;
- la mise en réseau afin de favoriser les échanges, l'expertise et la mise en place de projets communs ;
- les actions de lobbying, notamment auprès des pouvoirs publics.

Depuis quelques années, certains festivals, essentiellement européens, tentent également de se regrouper. Citons par exemple De Concert !, fédération internationale de festivals créée en octobre 2008 et présidée par Jean-Paul Roland, le directeur des Eurockéennes de Belfort. De Concert ! se revendique comme un « réseau d'échanges et de mutualisation dont la volonté est de participer activement aux réflexions sur les enjeux et l'avenir des festivals en France et en Europe, de développer des projets communs tout en affirmant un savoir-faire et une identité » (source : www.deconcert.org).

Charte fédération De Concert !

DE CONCERT !
FÉDÉRATION INTERNATIONALE
DE FESTIVALS

/ CHARTE /

Initié en 2004 avec la mise en place du magazine 'Festivals', le réseau des festivals devient association de loi 1901 à compter du mois d'octobre 2008.

Les 27 membres de l'association DE CONCERT ! :

> **Les 3 Éléphants** (Laval / France)
> **Art Rock** (St-Brieuc / France)
> **Dour Festival** (Dour / Belgique)
> **Les Eurockéennes de Belfort** (Belfort / France)
> **Au Fond du Jardin de Michel** (Nancy/ France)
> **GéNéRiQ** (Grand Est / France)
> **F.M.E.A.T.** (Rouyn-Noranda / Canada)
> **Les Invites de Vileurbanne** (France)
> **Festival Ganoua d'Essaouira** (Maroc)
> **Les Nuits Botanique** (Bruxelles / Belgique)
> **Festival Panoramas** (Morlaix/ France)
> **Marsatac** (Marseille/ France)
> **For Noise Festival** (Pully/ Suisse)
> **Couleur Café** (Bruxelles/ Belgique)

> **Paléo Festival** (Nyon / Suisse)
> **Le Rock dans tous ses états** (Evreux / France)
> **Rock In Opposition** (Blayes-les-mines / France)
> **Les Rockomotives** (Vendômes / France)
> **La Route du Rock** (Saint-Malô / France)
> **Spot Festival** (Aarhus / Danemark)
> **Sziget Festival** (Budapest / Hongrie)
> **Les Tombées de la nuit** (Rennes / France)
> **Les Vieilles Charrues** (Carhaix / France)
> **Sakifo** (Saint-Pierre, Réunion/ France)
> **Garorock** (Marmande/ France)
> **Reggae Sun Ska** (Saint-Sauveur Médoc/ France)
> **Nuits Sonores** (Lyon/ France)

L'association **DE CONCERT !** a pour objet la fédération de festivals internationaux de musiques, d'arts de rue, de multimédias ou d'un mélange de ces différentes disciplines. S'inscrivant dans une démarche solidaire et d'encouragement des initiatives de ses membres, l'association s'attache notamment à favoriser les échanges, la mutualisation des expériences organisationnelles et de programmation, des outils de communication, la création et le développement artistique, l'étude de l'évolution du secteur des festivals ainsi que leur représentation au sein d'organismes professionnels (institutions, sociétés civiles).

Le réseau regroupe des festivals artistiquement indépendants, soucieux de l'accueil du public et des artistes, attachés à leur territoire mais ouverts à la coopération nationale et transnationale. Ces festivals sont des acteurs culturels qui s'inscrivent durablement dans le paysage culturel et économique de leurs territoires respectifs. Ils défendent des valeurs de partage, de fraternité, de citoyenneté, de respect environnemental et d'audace artistique. Le réseau est ouvert à d'autres événements par cooptation, à la majorité des deux tiers des voix du conseil d'administration.

Les membres de l'association respectent les règles en vigueur. Ils possèdent les licences professionnelles et d'exploitation requises par la législation de leur pays. Ils souscrivent les assurances nécessaires à la protection des personnes et à l'exploitation des lieux. Ils rémunèrent les artistes et les professionnels du spectacle et respectent les règles de sécurité en vigueur et les jauges autorisées. Ils s'acquittent des droits d'auteur conformément à la législation en vigueur.

Bureau de l'association **DE CONCERT !** :

Présidents : Jean-Paul Roland (Les Eurockéennes / France) & Paul-Henri Wauters (Les Nuits Botanique / Belgique)
Secrétaire : Jean-Jacques Toux (Les Vieilles Charrues / France)
Trésorier : Dro Kilndjian (Marsatac / France)

../..

../..

/ OBJECTIFS /

> **Developpement artistique**
Les festivals membres favorisent la création, la promotion et la circulation de projets artistiques communs. Ils soutiennent le développement et la diffusion d'artistes régionaux et nationaux des régions et pays représentés.

> **Echanges**
L'association organise des rencontres d'échange et de partage d'expérience (2 à 3 par an).
Elle favorise la circulation des professionnels et leur accueil dans les différents territoires et pays représentés.

> **Accueil du public**
Les festivals membres de l'association inscrivent dans la notion d'accueil du public, la nécessité de prévention et de réduction des risques.
Ils invitent le public à être acteur de la manifestation, notamment dans le domaine de la préservation environnementale (transports, réduction des déchets, etc)

> **Mutualisation**
L'association encourage la mutualisation d'expériences organisationnelles (protection de l'environnement, accueil de personnes handicapées, actions citoyennes, approche du mécénat et des partenariats…) et de communication (magazine des festivals, newsletters informatives, relations presse…).

> **Representation**
L'association organise la représentation collective auprès des différentes institutions françaises et européennes.

/ MOYENS /

L'association **DE CONCERT !** poursuit les objectifs précédemment énoncés par tous les moyens à sa disposition, et notamment :

> Des rencontres régulières entre ses membres et avec des personnes ou des organismes qualifiés en fonction des thématiques abordées;
> La possibilité d'engager un ou plusieurs chargés de mission;
> La recherche de financements auprès d'institutions régionales, nationales et internationales.
> Les outils de communication communs ou ceux des festivals membres.

De Concert ! c/o Eurockéennes Territoire de musiques, Techn'Hom 5, 3 rue Marcel Pangon. 90300 Cravanche
T. 00 33 (0)3 84 22 46 58 – festival@eurockeennes.fr

Cette fédération compte aujourd'hui vingt-neuf festivals adhérents en France (les Vieilles Charrues, les Eurockéennes de Belfort, Art Rock, Garorock, Les 3 Éléphants, Marsatac…), en Belgique (Dour festival, Les Nuits Botaniques, Couleur Café), en Suisse (Paléo Festival, For Noise Festival), au Maroc (Festival Gnaoua d'Essaouira), au Danemark (Spot Festival), en Hongrie (Sziget Festival) et au Canada (FMEAT).

Le FAIR

Le FAIR (Fonds d'aide et d'initiative rock) est une association créée en 1989 à la demande du ministère de la Culture. Il est actuellement financé par le ministère de la Culture et de la Communication (DGCA), la Sacem, la SCPP, l'Adami, le CNV, le FCM, la SPPF, Ricard SA Live Music et la Fnac ; il est soutenu par le Studio des Variétés, Say it Again, *Les Inrockuptibles*, *Libération*, Ouï FM, Ferarock, France 4 et Deezer. Il a pour but le soutien et l'aide au démarrage de carrière d'artistes ou de groupes musicaux domiciliés en France à travers quatre pôles : l'aide financière et juridique, la promotion, la formation, le conseil en management.

L'aide financière et juridique

Elle varie de 3 050 à 6 100 € par groupe et peut être affectée au remboursement de :

- frais de tournée (hôtel, péages, essence, location de véhicules, repas…) ;
- équipement matériel (instruments, sonorisation, etc.), répétitions, affiches, maquettes ou participation à l'autoproduction dans la limite maximale de la moitié de la bourse.

Le FAIR propose aussi la prise en charge d'une première consultation juridique pour chacun des artistes, par exemple à la signature d'un contrat discographique. En cas de travail plus approfondi, l'artiste peut y consacrer jusqu'à 750 € de la bourse.

À noter

De Concert ! développe depuis quelques années le projet « Hot Tracks for Hot Spots », une sélection annuelle d'artistes coups de cœur repérés par ses festivals membres, afin de les partager avec leur public en favorisant notamment leur programmation au sein du réseau : www.deconcert.org/coups-de-coeur/.

La promotion

La communication

Le FAIR propose plusieurs supports de communication apportant une résonance importante aux artistes sélectionnés.

- La publication de 10 000 exemplaires d'une compilation promotionnelle (regroupant tous les artistes sélectionnés), distribuée gratuitement par Ouï FM à Paris, par l'ensemble du réseau Ferarock dans toute la France, par *Libération*, par Ricard SA Live Music, par les salles et les Fnac des villes accueillant « FAIR : le tour » et par *Les Inrockuptibles* pendant leur festival à Paris.
- Des émissions spéciales FAIR, avec interviews et titres des artistes sélectionnés, sont diffusées par Ouï FM et par le réseau Ferarock.
- Une journée de *showcases* dans quatre Fnac parisiennes.
- La sélection des nouveaux groupes est annoncée par une campagne de publicité dans *Libération* et *Les Inrockuptibles*, ainsi qu'en une des sites Internet de Ouï FM, France 4 et de la Ferarock.

Le « FAIR : le tour »

Le principe de « FAIR : le tour » est simple : chaque salle participant à l'opération doit programmer un concert labélisé avec des artistes FAIR, toutes promotions confondues, en y intégrant au moins un artiste de la dernière sélection. Elles profitent aussi souvent de l'occasion pour organiser une rencontre pédagogique entre un représentant du FAIR et des groupes régionaux afin de les aider à développer leurs projets musicaux et professionnels.

La Fête de la musique

Ricard SA Live Music met à la disposition du FAIR une très belle scène place Denfert-Rochereau à Paris tous les 21 juin. Le FAIR y programme au minimum quatre artistes qui ont ainsi l'occasion de se produire dans d'excellentes conditions. Le concert est retransmis en direct sur Ouï FM.

La formation

Le FAIR propose plusieurs formules destinées à la formation de ses lauréats :

- des stages « Gestion de carrière d'artiste » organisés en partenariat avec l'IRMA (contrats, fiscalité, statut des artistes…) ;
- des stages au Studio des Variétés (travail sur la voix, le son, le maquettage, la technique de répétition, etc.) adaptés aux besoins et à la disponibilité des artistes.

Le conseil en management

Le FAIR se tient à la disposition des artistes pour leur fournir tous les conseils et toutes les connexions professionnelles susceptibles de les aider à développer leur carrière. Par ailleurs, le FAIR s'appuie sur l'agence Say it Again pour aider les artistes à développer leur image (outils Internet, pochette, clips, EPK, photos, etc.).

La sélection

À l'issue d'un appel à candidature (plus de 1 000 appels chaque année), le FAIR reçoit environ 400 dossiers. 150 artistes sont présélectionnés et doivent au minimum correspondre aux critères suivants :

- au moins la moitié du groupe (dont les auteurs-compositeurs) doit résider en France ;
- avoir effectué au moins dix concerts durant l'année passée, pas uniquement dans la région d'origine de l'artiste ;
- être inscrit à la Sacem (ou être en cours d'inscription) et avoir un répertoire comportant au minimum 80 % de compositions originales ;
- qu'il y ait au moins un élément d'encadrement extérieur à l'artiste ou au groupe (manager, label, éditeur, tourneur…) ;
- avoir au maximum un album ayant fait l'objet d'une distribution commerciale nationale et ne datant pas de plus de deux ans.

Un comité artistique (renouvelé chaque année), constitué de professionnels du spectacle vivant, du disque ou de l'édition, procède au mois de septembre au choix définitif des artistes qui bénéficieront de l'action du FAIR pour une année. Chacun des professionnels choisit un artiste « au coup de cœur ». Plus d'informations sur : http://www.lefair.org.

Source
© Le FAIR – www.lefair.org

À noter

L'IRMA recense la plupart des tremplins. Plus de renseignements sur www.irma.fr.

Les tremplins

Il existe de nombreux tremplins dans l'hexagone. Véritable sphère d'expression pour le musicien amateur néophyte ou en cours de développement de carrière, voire de professionnalisation, les tremplins se sont considérablement répandus ces dix dernières années.

Avec des conditions de participation plus ou moins souples, selon le modus operandi des organisateurs, la plupart de ces concours sont ouverts au plus grand nombre et sont un moyen détourné pour l'artiste émergent de se faire repérer. Les tremplins ont souvent à cœur de valoriser les projets régionaux (comme les Repérages des Eurockéennes, les Jeunes charrues des Vieilles charrues) ou encore nationaux (le Printemps de Bourges Crédit Mutuel). En voici quelques-uns qui permettent l'accès, pour certains jeunes artistes, à des conditions de *live* dignes des plus grands...

Les festivals

De nombreux festivals ont monté leur propre tremplin permettant l'accès à des artistes débutants à des scènes prestigieuses, tout en leur offrant une visibilité certaine. Citons ci-dessous deux des plus réputés.

Les iNOUïS du Printemps de Bourges Crédit Mutuel

L'opération du Printemps de Bourges se distingue des autres tremplins par son ancienneté et sa dimension nationale. Ce tremplin s'adresse à tous les jeunes musiciens (groupes ou artistes), compositeurs ou non, dans le champ des musiques actuelles : rock, chanson, musiques électroniques et urbaines. Sont exclus les groupes ou artistes étant engagés par un contrat discographique auprès des Majors ou de leurs labels. Les premières auditions se tiennent sur des scènes régionales, dans des salles réputées pour leur dynamisme et comportant 500 à 1 000 places (souvent des SMAC).

C'est chaque année tout un travail d'accompagnement de près de huit mois dispatché sur les vingt-neuf antennes régionales, depuis l'appel à candidature début septembre jusqu'au Printemps de Bourges en avril.

Conditions de participation. Fournir un dossier de candidature contenant :

• trois à quatre titres audio originaux ;

- une biographie ;
- une photo du groupe ou de l'artiste ;
- une fiche technique ;
- un plan de scène.

Conditions particulières :

- dépôt d'un dossier unique ;
- dans une seule région ;
- dans un seul style musical choisi par le candidat.

Téléchargez les dossiers de candidature sur www.reseau-printemps.com.

Les Vieilles charrues et les Jeunes charrues

Toujours basé sur l'accès à la scène, les Jeunes charrues offrent aujourd'hui un véritable accompagnement aux artistes émergents issus de la sélection. Les dix finalistes participent à une formation autour des métiers du spectacle, bénéficient d'un accompagnement artistique ainsi que d'un dispositif de promotion en amont et pendant le festival des Vieilles charrues. Les sélections se déroulent dans l'ensemble des structures organisatrices de soirées concerts, associations, MJC, lieux de spectacles.

Conditions de participation :

- tous les styles musicaux sont acceptés ;
- les artistes doivent résider sur le territoire d'inscription (Bretagne) ;
- les compositions doivent représenter la majorité du répertoire.

Les artistes sous contrat avec un label d'une maison de disques d'envergure nationale ou internationale ne peuvent s'inscrire. Plus d'informations sur www.vieillescharrues.asso.fr/asso/.

Les associations

À travers le territoire et avec le soutien d'un maillage de passionnés, il existe de nombreux tremplins associatifs en marge de ceux organisés par les festivals. Leur nombre étant tellement important, voici un focus sur certains des plus anciens et des plus actifs.

Class'EuRock

Class'EuRock est un tremplin régional de Provence-Alpes-Côte d'Azur qui s'adresse à de jeunes groupes de musique amateurs. Créé en 1991 par l'association Aix'Qui ? sous le nom de Class'Rock, il est rebaptisé Class'EuRock en 2007 en raison de sa dimension européenne. Le but de cette initiative est de permettre à des groupes de jeunes musiciens amateurs issus de tout milieu et de tout style de musique de s'exprimer librement. Les jeunes sont encadrés par des professionnels de la musique à toutes les étapes du tremplin (sélection, stage de technique de répétition et d'enregistrement, finale et prestation en Europe). Lors de la finale, les groupes partagent la scène avec leurs parrains, des têtes d'affiche de renommée nationale.

Conditions de participation :

- pas de musicien de plus de 23 ans ;
- pas de reprise ;
- au moins un lycéen, collégien ou apprenti dans le groupe.

Plus de renseignements sur www.aixqui.fr.

Tremplin Onde&Live

L'association G.A.M.M.E (Grande association musicale montpelliéraine étudiante) a été créée en février 2010 par des étudiants avec pour but de promouvoir les jeunes talents, de faciliter l'accès à des lieux de répétition ou à certaines activités importantes pour les musiciens (master class...).

Conditions de participation :

- réservé aux jeunes groupes du département de l'Hérault ;
- groupes ayant au moins un étudiant dans sa formation ;
- groupes possédant un répertoire formé de compositions originales et/ou d'arrangements de morceaux existants.

Plus de renseignements sur www.lagamme.fr.

Le Grand Zebrock

Le Grand Zebrock accompagne chaque année dix groupes venus de toute l'Île-de-France et de tous styles musicaux. Tous les groupes inscrits bénéficient d'entretiens avec le jury et participent à des rencontres professionnelles. Ils profitent en plus d'un accompagnement artistique avec des musiciens professionnels (entretien individuel sur le projet de groupe, ateliers chants, écriture, prestation scénique de promotion) et se produisent au Canal 93 à Bobigny. Les trois derniers groupes sélectionnés disputeront la finale sur la scène de La Maroquinerie et joueront sur la scène Zebrock de la Fête de l'Humanité.

Conditions de participation :

- deux titres originaux au minimum ;
- être francilien ;
- frais d'inscription : 20 €.

Les dossiers de candidature sont à télécharger sur www.zebrock.net.

Les institutions

Le secteur institutionnel n'est pas en reste dans l'organisation de tremplins. Un exemple particulièrement réussi est le dispositif Paris Jeunes Talents.

Paris Jeunes Talents

Le prix Paris Jeunes Talents aide à lancer la carrière de futurs professionnels sur les traces de Moriarty, Jil is Lucky, Cécile Corbel, Twin Twin, Théo Mercier, le cirque Altaï, Lisa Portelli, Ben Mazué. Trois prix par catégorie : musique, spectacle vivant et arts visuels.

Conditions d'inscription :

- concours réservé aux moins de 30 ans qui vivent, travaillent ou étudient à Paris ;
- futurs professionnels pratiquant tous styles de musique : pop, rock, chanson française, musiques électroniques, reggae, rap, hip-hop…

Plus de renseignements sur www.parisjeunestalents.fr.

Les tremplins privés

Il existe aussi des tremplins privés, dont le modèle économique repose sur la vente de tickets de concert ou le vote du public par Internet. Listons les plus connus.

Emergenza

Ouvert à tous les styles, Emergenza est le tremplin musical mondial de référence qui parcourt toutes les régions de France à la découverte des nouveaux talents. Il a la particularité d'être national.

Conditions de participation :

- être un groupe constitué d'au moins trois musiciens ;
- ne pas avoir de contrat avec une Major ;
- frais d'inscription : 30 €.

Plus de renseignements sur www.emergenza.net.

ZicMeUp

Ouvert à tous les styles, le ZicMeUp tour est un tremplin musical qui parcourt toutes les régions de France à la découverte de nouveaux talents. Les candidats sont départagés par un jury de professionnels et par le vote du public sur le site Internet. Les présélections se font sur Internet. Ce tremplin a la particularité d'être construit comme une émission de télévision et de bénéficier d'une syndication (à savoir une multidiffusion) de son contenu avec plus de trente chaînes de télévision partenaires (MCE, WEO, Télé Nantes, Lyon Capitale TV, etc.).

Conditions de participation :

- ne pas avoir de contrat ;
- pas de frais d'inscription mais un minimum de votes Internet à réaliser.

Plus de renseignements sur www.zicmeup-tour.com.

Fallenfest

Ouvert à tous les styles, le Fallenfest est un tremplin musical parisien accessible à tous les groupes nationaux, qui se déroule sur plusieurs tours à la recherche de nouveaux talents. Les candidats sont départagés par le vote du public puis, lors des finales, par un jury de professionnels.

Conditions de participation :

- ne pas avoir de contrat ;
- pas de frais d'inscription mais un minimum de préventes à réaliser.

Plus de renseignements sur www.fallenfest.com.

Le concours SFR Jeunes Talents Musique

Exemple parfait d'un dispositif de *brand content* réussi, le tremplin mis en place par SFR favorise notamment l'accès à certains événements, parmi lesquels :

- les Bar en Trans, le « festival *off* » des rencontres Trans Musicales de Rennes ;

- les Francofolies de La Rochelle ;

- Rock en Seine, en région parisienne ;

- les Eurockéennes de Belfort.

Les conditions de participation varient selon le festival. Plus de renseignements sur www.sfrjeunestalents.fr/musique/concours.

Pour d'autres exemples de tremplins de marque, reportez-vous à la section « Focus sur le *brand content* » au chapitre 5.

Tout sur Emergenza

La France est un pays où la pratique musicale s'est considérablement développée en 15 ans, en raison de nombreux facteurs. On peut penser notamment à la progression du modèle culturel anglo-saxon et à la démocratisation du prix de vente des instruments de musique avec l'arrivée du matériel chinois bon marché. Dans le même temps, l'État a cherché un cadre institutionnel pour encadrer les lieux de diffusion et s'est inspiré du modèle Le Florida à Agen et de Barbey à Bordeaux pour créer le label SMAC correspondant à des lieux musicaux de moyenne capacité ayant un rôle vis-à-vis de la diffusion et de l'action culturelle.

Initialement, ces espaces étaient réservés à la création et ouverts au jeune public tout en ayant une utilité en termes d'aménagement du territoire. Après plus de dix ans, on peut faire le constat que le label SMAC a aidé au développement de carrières localement, c'est indéniable. Mais, du fait de ses sélections drastiques quant à l'accès des pratiquants locaux à ces lieux de diffusion, il a éloigné les amateurs de ces derniers, alors qu'ils étaient pensés pour eux à la base.

Il est difficile pour des formations amatrices d'avoir accès à de véritables salles de concerts. Les salles publiques labélisées cherchent surtout des têtes d'affiche et une sélection très restreinte de groupes qui se professionnalisent ; les salles privées sont dans une dynamique de rentabilité qui n'est pas nécessairement compatible avec les pratiques amatrices. Les groupes sont à la recherche de lieux suffisamment équipés pour pouvoir s'exprimer et n'ont accès, majoritairement, qu'aux cafés-concerts et aux équipements multi-usages, comme les salles polyvalentes.

Emergenza est né comme une véritable réponse à cette demande. Son but premier, et ce qui explique son succès, c'est la possibilité donnée au plus grand nombre de jouer dans des lieux équipés et adaptés pour favoriser leur progression. Anticipant la demande, Emergenza a créé une occasion pour les groupes de jouer en *live* et un véritable tremplin pour les formations les plus intéressantes. Aujourd'hui, l'idée et le modèle économique ont fait leur chemin et les structures équivalentes se sont multipliées. Il y a quinze ans c'était loin d'être une évidence !

Né en Italie il y a une dizaine d'années, le projet se déroule désormais dans 28 pays et sur 3 continents, et se termine chaque année par une grande finale internationale au sein du Taubertal Open Air festival en Allemagne. En France, ce sont près de 800 groupes qui sont accueillis chaque année. La force du modèle, c'est l'encadrement technique et logistique des groupes, souvent laissés à l'abandon par les organisateurs de concerts. Emergenza fournit ainsi un *backline* professionnel complet aux groupes participant, ainsi qu'un technicien son et tout le matériel de sonorisation.

Le tremplin travaille aussi sur les opportunités d'échanges et se veut une source de progrès pour les groupes participants. Fort d'un réseau de douze villes françaises et plus de cent villes dans le monde, le festival est l'occasion de centaines d'échanges de concerts chaque année, permettant notamment de jouer dans la capitale – ce qui reste un véritable parcours du combattant pour un groupe de province. En outre, une équipe de deux personnes s'occupe de promouvoir les meilleurs groupes participants auprès des festivals et tourneurs européens.

En 2011-2012, 61 festivals dans 9 pays ont programmé des groupes d'Emergenza, parmi lesquels Sziget en Hongrie, Rock am Park en Allemagne, Rock for People en République tchèque ou le Metalfest en Suède. Chaque année, Emergenza produit une compilation internationale et promeut une quinzaine de groupes grâce aux 15 000 copies fabriquées et distribuées gratuitement lors des finales les plus importantes partout en Europe et envoyées aux médias, salles et labels qui comptent au niveau européen.

Julien Delpy, Emergenza Western Europe General Manager

Les organismes de formation

La pratique de la musique nécessite des organismes dédiés à la formation ; il existe en France de nombreuses écoles publiques et privées, réelles et virtuelles, offrant un apprentissage de qualité autour d'un instrument. Il en va de même pour la conduite de projets dans la « sphère musicale », avec la notion de médiation et d'ingénierie culturelles qui sous-tend l'idée d'une diffusion rigoureuse et méthodique, le plus souvent menée par des professionnels du secteur.

Conservatoires et écoles de musique

Un conservatoire, qu'il soit à rayonnement communal, régional ou départemental, est une école reconnue par l'État pour ses compétences et la qualité de son enseignement régi par un schéma d'orientation précis et rigoureux. Un conservatoire, c'est à la fois :

- un lieu de formation et de pratique ;
- un espace de rencontres, d'écoute et de découverte ;
- un lieu de diffusion, grâce aux nombreux rendez-vous proposés : concerts, spectacles, auditions...

Le cycle spécialisé du département Musiques actuelles amplifiées

Le cycle spécialisé du département Musiques actuelles amplifiées/Arts de la scène de la Ville de Paris est accessible sur concours selon les conditions d'accès suivantes :

• ne pas avoir déjà obtenu de diplôme d'études musicales dans cette discipline ;

• être âgé au maximum de 28 ans (demande de dérogation envisageable).

Le parcours de formation est construit en synergie avec le réseau des conservatoires municipaux d'arrondissement de la Ville de Paris et les établissements privés ou associatifs d'enseignement spécialisé de la musique (tels l'Institut supérieur des arts afro-caribéens, ACP La Manufacture Chanson), des lieux de répétition, de diffusion et des centres de ressources (tel le Centre musical Fleury Goutte d'Or - Barbara). Il dure 2 à 3 ans, avec un volume horaire de cours d'environ 15 heures hebdomadaires dispensées en journée ou en soirée.

La formation s'articule autant sur l'accompagnement du projet artistique de l'étudiant (accompagnement artistique, scénique, résidences, assistance technique et logistique, scénographie, concerts...) que sur un travail des fondamentaux, des compétences généralistes larges et variées.

Ce cycle, qui clôt la formation initiale du chanteur ou du musicien des musiques actuelles, a aussi une vocation d'orientation professionnelle. Il débouche sur un diplôme d'études musicales qui s'inscrit dans un parcours professionnalisant qui peut être prolongé par des formations supérieures (notamment dans les futurs pôles supérieurs d'enseignements) menant aux carrières d'interprètes ou d'enseignants.

Il s'adresse à tous musiciens (y compris les musiciens électroniques, la musique assistée par ordinateur, les D.-J.) et chanteurs des musiques actuelles, autant désireux d'approfondir leur projet artistique personnel que de développer un vaste champ de compétences dans un large panorama d'esthétiques afin d'être en phase avec les exigences du secteur professionnel actuel.

La scène est le lieu central de la vie de ce département : auditions, concerts, projets de création, résidences... Le cursus est divisé en cinq modules : arts de la scène, pratiques collectives, création musicale, pratiques musicales, techniques formation et culture musicale, lesquelles sont des disciplines complémentaires et optionnelles.

Détail des disciplines : accompagnement de projet personnel artistique (réalisation, répétition, création, rencontres autour de l'accompagnement artistique), projets de création, pratiques transversales (pratiques corporelles : danse hip-hop), atelier création/improvisation, atelier répertoire et mise en situation personnelles, cours individuel instrumental ou vocal, techniques du son/Informatique musicale, synthèse/technologies émergentes sur scène, gravure musicale assistée par ordinateur, chant complémentaire pour les instrumentistes, instrument harmonique complémentaire pour les chanteurs, formation musicale (théorie, déchiffrage, transcription, transmission orale et mémorisation, improvisation), culture musicale (analyse musicale et commentaire d'écoute, histoire des musiques actuelles amplifiées), écriture (harmonie/arrangement/composition, écriture de texte, approche de la prosodie), connaissance de l'environnement professionnel (stage), ouverture aux autres esthétiques (polyrythmies/percussions, musiques afro-cubaines...).

Plus d'informations sur http://crr.paris.fr, section Musique, rubrique Musiques actuelles.

François Vion, coordinateur du département Musiques actuelles amplifiées au conservatoire

Outre les conservatoires, il existe de nombreuses écoles de musique où l'on peut apprendre la pratique d'un instrument dans le cadre d'une pratique type « musiques actuelles », avec un sens plus ou moins aigu de l'excellence. Parmi les plus connues, on retrouve trois types d'enseignements : les écoles dites « professionnalisantes », les enseignements dispensés par des marques qui capitalisent sur leur savoir-faire, et les cours en ligne.

Les écoles « professionnalisantes »

ATLA. Reconnue par le ministère de la Culture, l'école ATLA forme depuis 15 ans des artistes de musiques actuelles et se trouve au cœur du quartier mythique de la musique à Paris : Pigalle. Ouverte aux instrumentistes comme aux chanteurs, l'école offre la possibilité à ses élèves de passer un diplôme d'État à savoir le certificat « Musicien interprète des musiques actuelles » de la Fneijma. Pour plus d'informations : 12, villa de Guelma, 75018 Paris, 01 44 92 96 36, www.atla.fr.

L'American School. Depuis sa création en 1982, l'*American School of Modern Music* est l'institution privée de niveau universitaire qui offre le plus de possibilités pour accéder à une carrière musicale sur le plan international. L'école se base sur un projet pédagogique ouvert sur le monde professionnel en s'entourant de l'ensemble de l'écosystème constituant la sphère musicale (instrumentistes, producteurs, ingénieurs, enseignants, etc.). Pour plus d'informations : 117, rue de la Croix-Nivert, 75015 Paris, 01 46 04 90 87, www.americanschoolmodernmusic.fr.

La MAI. La MAI *(Music Academy International)* est incontestablement l'école de musique numéro un en France et la plus novatrice d'Europe pour l'enseignement des musiques actuelles. Disposant d'un solide réseau de professeurs et d'intervenants, l'école forme depuis plus d'une quinzaine d'années l'élite des musiciens professionnels. Outre des formations musicales, elle propose aussi des formations de producteurs.

Pour plus d'informations : 12, avenue du xxe corps, 54010 Nancy Cedex, www.maifrance.com.

L'Itemm. L'Institut européen des métiers de la musique est l'une des principales écoles européennes formant aux métiers techniques de la musique : accord, réparation, facture instrumentale des accordéons, des guitares, des instruments à vent et des pianos. Elle forme également aux métiers du commerce des produits musicaux et à ceux du son et du spectacle. Pour plus d'informations : www.itemm.fr.

Le Cours Florent. Véritable institution dans la formation des acteurs depuis une trentaine d'années, le Cours Florent propose dorénavant une formation assez complète sur trois ans spécialisée autour des musiques actuelles et basée sur une pédagogie dont les axes sont à la fois artistiques et technologiques, mais aussi administratifs et donc de productions. Pour plus d'informations : 37/39, avenue Jean-Jaurès, 75019 Paris, www.coursflorent.fr.

Les musiques actuelles enseignées par les marques

Yamaha. À travers son réseau mondial des *Yamaha Music School*, Yamaha dispense depuis plus de cinquante ans une pédagogie tout à fait spécifique et adaptée à tous et plus particulièrement aux jeunes enfants. Plus d'informations sur http://fr.yamaha.com/sp/music_education/music_school/.

Agostini. Créée depuis les années 1960 par Dante Agostini, et implantée en Europe et au Maroc, l'école de batterie Agostini est spécialisée dans l'apprentissage de la batterie et s'appuie sur une pédagogie spécifique. Plus d'informations sur www.danteagostini.com.

Red Bull Music Academy (voir la section « Focus sur le *brand content* musical », au chapitre 5). La célèbre boisson énergisante a lancé un workshop, changeant de ville tous les ans, et proposant des rencontres avec des artistes reconnus (Alicia Keys...) et des partenariats avec certains festivals comme Villette Sonique à Paris. L'artiste Aloe Blacc en est notamment issu. Plus d'informations sur www.redbullmusicacademy.com.

Les musiques actuelles enseignées sur Internet

Carpe Dièse. École de musique spécialisée dans les cours en ligne, dont le concept est d'être la première à proposer un apprentissage par visio-conférences. Les intervenants sont des interprètes professionnels qui se basent sur une pédagogie spécifique en quatre cours pour apprendre aux élèves à interpréter un morceau. Plus d'informations sur www.carpe-diese.fr.

iMusic-School. Première école de musique par vidéos en streaming, iMusic-School propose un catalogue de plus de 25 000 vidéos ainsi que de nombreuses master class d'artistes reconnus, tels Keziah Jones ou André Manoukian. Plus d'informations sur www.imusic-school.com.

Devenir professionnel de la médiation et du management culturels

Les musiques actuelles obéissent à une logique économique. Cette réalité est au cœur des métiers du management culturel. Derrière ce terme se profile une multitude de fonctions, allant de l'administrateur d'une salle de musiques actuelles au booker chez un tourner et au chef de projet dans un label, en passant par le manager d'artistes et le médiateur culturel.

Quel que soit le projet artistique, d'une sortie d'album à un concert, les étapes qui précèdent la mise en œuvre, c'est-à-dire la présentation au public, sont souvent les mêmes : rechercher des financements, préparer et suivre les budgets, gérer du personnel technique et artistique, ou encore régler des questions juridiques (par exemple, sur les droits d'auteur) ou logistiques (notamment les autorisations administratives ou les normes de sécurité).

L'éventail des métiers de la médiation culturelle

Derrière ce titre générique se cachent en réalité des dizaines de professions aux profils riches et variés : chargé de l'action culturelle, programmateur de spectacles, animateur culturel, attaché de presse... Toutes ont cependant un objectif commun : assurer au plus grand nombre l'accès à la culture. Dans ces métiers, le point de convergence est la multiplicité des actions à mener :

- d'administration ;
- de gestion ;
- de management ;
- de communication.

Quelques cursus de formation supérieure

La formation peut être menée d'une part dans certaines écoles privées, d'autre part dans certaines universités qui proposent de nombreux cursus de management culturel ou de mise en œuvre et gestion de projets culturels. Il est par ailleurs intéressant de noter que certaines écoles de commerce, de communication et de marketing telles que le Celsa, l'ECS, l'EFAP, Efficom, Cesacom, l'ISCPA Communication et Sup de Pub proposent aussi à leurs étudiants des modules de formation en rapport avec l'organisation et la communication de projets culturels.

1. **Les écoles privées.** Ces établissements, dont le prix des formations est en moyenne de 7 000 € par an, délivrent en général deux types de diplômes dont il faut bien vérifier la reconnaissance par l'État : un *bachelor* Médiation culturelle (Bac +3) et un MBA ou master spécialisé (Bac +5) Manager de projets culturels. Citons quelques-unes de ces écoles.

- EAC (Écoles d'arts et de culture). Les formations sont dispensées à Paris, Lyon, Nice, Monaco, Shanghai et Pékin. Pour plus d'informations : 01 47 70 23 83, www.groupeeac.com.

- ICART (École des métiers de la culture et du commerce de l'art). Les formations sont dispensées à Paris et Bordeaux. Pour plus d'informations : 01 53 76 88 00, www.icart.fr.

- IESA (Institut d'études supérieures des arts). Les formations sont dispensées à Paris et Lyon. Pour plus d'informations : 01 42 86 57 01, www.iesa.fr.

- ISCPA Productions (Institut supérieur de la presse, de la communication et de l'audiovisuel). Campus Paris : 12, rue Alexandre-Parodi, 75010 Paris. Pour plus d'informations : 01 80 97 65 80, www.iscpa-ecoles.com.

2. **Les formations universitaires.** Il existe une soixantaine de cursus spécialisés vers lesquels s'orientent les jeunes diplômés désireux de toucher à l'univers des structures musicales.

- Paris 3 – Licence Médiation culturelle. Parcours image, théâtre et arts de la scène, musique et danse, médiation du livre et de la lecture, musées et patrimoines. Diplôme national. UFR Arts et médias, université Sorbonne-Nouvelle, bureau 209 - 13, rue Santeuil, 75231 Paris Cedex 05. Centre Censier, 13, rue Santeuil, bureau 200B, 75231 Paris Cedex 05, 01 45 87 40 91, www.univ-paris3.fr/dept-am.

  - Titre certifié niveau II.
  - Admission : bac ; dossier pour les bacheliers de province.
  - Scolarité : 3 ans. Les parcours sont aussi proposés à partir de la L2. Stage d'application, en L3, de 1 mois.

- Master 2 Management des organisations culturelles et artistiques (MOCA) : Centre de formation aux métiers de la comptabilité, de la gestion, de la finance, des ressources humaines – Paris (75).

- Master Administration des entreprises culturelles : université de Reims Champagne-Ardenne, UFR Droit et science politique – Reims (51).

- Master Administration des institutions culturelles (AIC) : Institut universitaire professionnalisé en administration des institutions culturelles – Aix-en-Provence (13).

- Master Administration et gestion de la musique : université Jean-Monnet Saint-Étienne, faculté Arts, lettres et langues – Saint-Étienne (42).

- Master Administration et gestion de la musique : université Paris-Sorbonne Paris-4, UFR Musique et musicologie – Paris (75).
- Master Affaires et projets culturels internationaux, Mécénat : Sciences Po – Aix-en-Provence (13).
- Master Affaires publiques – filière Culture : Sciences Po – Paris (75).
- Master Analyse des pratiques culturelles : université de Nantes, UFR Lettres, langues, sciences humaines – Nantes (44).
- Master Communication, culture et institutions : Sciences Po – Lyon (69).
- Master Conception et direction de projets culturels : université Sorbonne-Nouvelle Paris-3, département Médiation culturelle – Paris (75).
- Master Conduite de projets culturels, connaissance des publics : université Paris-Ouest Nanterre-La Défense, UFR Sciences sociales et administratives (SSA) – Nanterre (92).
- Master Création et étude des arts contemporains : université Charles-de-Gaulle Lille-3, UFR Arts et culture – Lille (59).
- Master Culture, création artistique et développement du territoire : université du Littoral-Côte d'Opale, UFR Lettres et langues, sciences humaines et sociales – Dunkerque (59).
- Master Développement culturel de la ville : université de La Rochelle (17).
- Master Développement de projets artistiques et culturels internationaux : université Lumière Lyon-2, Institut de la communication – Bron (69).
- Master Développement des publics de la culture : université de Rouen, UFR Lettres et sciences humaines – Mont-Saint-Aignan (76).
- Master Diffusion de la culture : université Stendhal Grenoble-3, UFR Lettres et arts – Grenoble (38).
- Master Direction artistique de projets culturels : université Paul-Valéry Montpellier-3, UFR Lettres, arts, philosophie, psychanalyse – Montpellier (34).
- Master Direction de projet dans les nouvelles filières culturelles : université d'Angers, faculté de Droit, d'économie et de gestion – Angers (49).

- Master Direction de projets culturels : Observatoire des politiques culturelles – Grenoble (38).

- Master Direction de projets culturels, option Métiers de la culture : université Pierre-Mendès-France Grenoble, UFR Sciences de l'homme et de la société – Saint-Martin-d'Hères (38).

- Master Droit de la culture et des créations intellectuelles : université Montesquieu Bordeaux-4, UFR Sciences juridiques, droit public et science politique – Pessac (33).

- Master Droit et activités artistiques : université Paul-Cézanne Aix-Marseille-3, faculté de droit et de science politique – Aix-en-Provence (13).

- Master Erasmus Mundus en étude du spectacle vivant : université libre de Bruxelles, département Sciences de l'information et de la communication – Bruxelles (Belgique).

- Master Expertise culturelle : Sciences Po – Toulouse (31).

- Master Expertise des professions et institutions culturelles (EPIC) : université de Nantes, UFR Sociologie – Nantes (44).

- Master Expertise et médiation culturelle (EMC), parcours Direction de projets culturels : université de Lorraine, UFR Sciences humaines et arts – Metz (57).

- Master Histoire et sociologie de la médiation culturelle : université Sorbonne-Nouvelle Paris-3, département Médiation culturelle – Paris (75).

- Master Ingénierie de la création multimédia et direction artistique de projets : université Nice-Sophia-Antipolis, UFR Lettres, arts et sciences humaines – Nice (06).

- Master Ingénierie de la culture et de la communication (ICC) : université de Versailles-Saint-Quentin-en-Yvelines, UFR des sciences – Le Chesnay (78).

- Master Ingénierie des échanges interculturels (IEI) : université Sorbonne-Nouvelle Paris-3, UFR Communication – Paris (75).

- Master Ingénierie des métiers de la culture, spectacle vivant, muséologie, patrimoine : université de Bourgogne, IUP Denis-Diderot – Dijon (21).

- Master Juriste-administrateur des structures artistiques et culturelles (JASAC) : université d'Évry-Val-d'Essonne, IUP JASAC – Évry (91).

- Master Management des activités culturelles et artistiques : INSEEC master et MBA – Paris (75).

- Master Management des activités culturelles et audiovisuelles (MACA) : École universitaire de Management – Clermont-Ferrand (63).

- Master Management des institutions culturelles : Sciences Po – Lille (59).

- Master Management des organisations culturelles : université Paris-Dauphine, département master Science des organisations (MSO) – Paris (75).

- Master Management du spectacle vivant : université de Bretagne occidentale, UFR Lettres et sciences humaines – Brest (29).

- Master Management et carrières d'artistes (MCA) : université Lumière-Lyon-2, Faculté des sciences économiques et de gestion – Lyon (69).

- Master Management et politiques culturelles dans les Balkans : université Lumière-Lyon-2, Institut de la communication – Lyon (69).

- Master Médiation culturelle de l'art : université Aix-Marseille, département Médiation culturelle de l'art – Marseille (13).

- Master Médiation culturelle et communication internationale : université de Nantes, UFR Lettres, langues, sciences humaines – Nantes (44).

- Master Médiation et ingénierie culturelles : université Nice-Sophia-Antipolis, UFR Lettres, arts et sciences humaines – Nice (06).

- Master Méditerranée : identités, communication et développements interculturels : université Nice-Sophia-Antipolis, UFR Lettres, arts et sciences humaines – Nice (06).

- Master Métiers de la culture : université Charles-de-Gaulle Lille-3, UFR Arts et culture – Villeneuve-d'Ascq (59).

- Master Métiers des arts et de la culture : université Panthéon-Sorbonne Paris-1, UFR Arts plastiques et sciences de l'art – Paris (75).

- Master Musique et arts du spectacle : université d'Évry-Val-d'Essonne, département Arts et musique – Évry (91).

- Master Patrimoine, spectacle vivant et action culturelle : université catholique de l'Ouest, Institut d'arts, lettres et histoire (IALH) – Angers (49).

- Master Philosophie de la culture et de la praxis culturelle : université Paris-8 Vincennes-Saint-Denis, UFR Arts, philosophie et esthétique – Saint-Denis (93).

- Master Philosophie et critiques contemporaines de la culture : université Paris-8 Vincennes-Saint-Denis, UFR Arts, philosophie et esthétique – Saint-Denis (93).
- Master Politique et gestion de la culture : Sciences Po – Strasbourg (67).
- Master Politiques et gestion de la culture en Europe : université Paris-8 Vincennes-Saint-Denis, Institut d'études européennes – Saint-Denis (93).
- Master Productions et médiations des formes culturelles : université Pierre-Mendès-France Grenoble, UFR Sciences de l'homme et de la société – Saint-Martin-d'Hères (38).
- Master professionnel Action culturelle et gestion de projets arts du spectacle : université Blaise-Pascal Clermont-Ferrand-2, UFR Lettres, langues et sciences humaines – Clermont-Ferrand (63).
- Master Projets culturels dans l'espace public : université Panthéon-Sorbonne Paris-1, UFR Arts plastiques et sciences de l'art – Paris (75).
- Master Publics de la culture et communication : université d'Avignon et des Pays de Vaucluse, UFR Sciences et langages appliqués – Avignon (84).
- Master Recherche et expertise dans les industries culturelles et les médias (M2) : université Paris-8 Vincennes-Saint-Denis, UFR de Culture et communication – Saint-Denis (93).
- Master Sociologie et anthropologie, spécialité politiques culturelles : université Paris-Diderot Paris-7, UFR Sciences sociales – Paris (75).
- Master Stratégies des échanges culturels internationaux (SECI) : Sciences Po – Lyon (69).

Formations professionnelles et continues (IRMA, SMAC, Issoudun, IC'Com, ministère de la Culture et de la Communication…)

Depuis quelques années, des formations professionnalisées sur les métiers du management culturel se multiplient.

L'IRMA

L'activité de l'IRMA se concrétise notamment par les nombreuses formations qu'ils dispensent.

Liste des formations de l'IRMA

Le statut de l'artiste.

Profession manager.

L'artiste et son projet.

Production, édition musicale et phonographique.

Les droits d'auteur.

Profession producteur.

Organisation d'événements et de spectacles.

La diffusion.

Assurances et responsabilité dans le spectacle.

Réseaux, prospections, tournées.

La billetterie.

Prévention des risques.

Communication.

Financements.

Financements professionnels.

Financements publics.

Montage de projet et création de structure.

Gérer une association dans le secteur musical.

Création d'entreprise dans le secteur artistique et culturel.

Musique et Internet.

Optimiser sa présence sur le Web.

Musique et stratégie web.

Distribution et Internet.

Gérer une communauté.

Musique et environnement web.

Créer et administrer son site web avec WordPress.

Musique et gestion.

Fiscalité des artistes et auteurs.

Prévision et gestion budgétaire.

Excel, outil de gestion pour projets musicaux.

Comptabilité dans le domaine culturel.

Ciel Compta.

Pour plus d'informations : IRMA, 22, rue du Soleillet, 75980 Paris Cedex 20, 01 43 15 11 11, www.irma.asso.fr.

Les SMAC

Réparties sur tout l'ensemble du territoire, les SMAC proposent un ensemble de modules de formation, souvent en relation avec l'IRMA et ses intervenants.

Les Formations d'Issoudun

Créées en 1988 sous l'impulsion de l'IRMA, de la ville d'Issoudun et de son université, les Formations d'Issoudun proposent un ensemble de formations longues et courtes aux contenus précis et exigeants.

- Exemples de modules courts : sécurité des lieux de spectacles, technique de booking, organisation du monde de la musique.
- Exemples de modules longs : régisseur de production, *backliner*.

Pour plus d'informations : les Formations d'Issoudun, rue du Bat-Le-Tan, 36100 Issoudun, 02 54 03 16 26, www.lfissoudun.org.

L'IC'Com

L'IC'Com, Institut de la culture, de la communication et du management, propose un ensemble de formations autour du management culturel et plus particulièrement du spectacle vivant, sous forme de modules de longue et de courte durées.

- Exemple de module court (une semaine) : la diffusion du spectacle vivant.
- Exemple de module long (six mois) : management et communication des entreprises culturelles.

Pour plus d'informations : 01 42 40 42 88, www.culture-ic.com.

Le Studio des Variétés pour les artistes

Le Studio des Variétés propose un éventail de formations sur mesure, adaptées aux besoins spécifiques de ses étudiants avec des formations professionnelles, des formations de formateur, etc. Il est habilité à recevoir la taxe d'apprentissage et le Fongecif.

Plus de renseignements sur : www.studiodesvarietes.org.

Le ministère de la Culture et de la Communication

Pour plus de renseignements :
www.culture.gouv.fr/culture/infos-pratiques/formations/.

Les financements

La taxe d'apprentissage

Certains centres supérieurs de formation, notamment de musiques actuelles et de médiation culturelle, sont habilités à percevoir la taxe d'apprentissage. Il s'agit d'un impôt obligatoire permettant de financer les dépenses nécessaires au développement de l'enseignement professionnel et de l'apprentissage.

La taxe d'apprentissage est calculée sur le montant des salaires bruts versés par les entreprises. Y est assujettie toute personne physique ou morale imposée au titre des bénéfices industriels et commerciaux (BIC), les sociétés, associations et organismes passibles de l'impôt sur les sociétés (IS).

Les entreprises peuvent s'exonérer de cette taxe en finançant sous forme de subventions les établissements d'enseignement dispensant des formations professionnelles.

Les organismes paritaires financeurs de la formation

Les OPCA, ou Organismes paritaires collecteurs agréés (par l'État), et autres Opacif (Organismes paritaires agréés au titre du congé individuel de la formation) sont des structures associatives qui collectent les contributions financières des entreprises à la formation professionnelle continue des salariés du secteur privé. Elles sont réparties par branches d'activité.

Créée en 1972, l'Afdas (Assurance formation des activités du spectacle) est l'OPCA des secteurs du spectacle, du cinéma, de l'audiovisuel, de la presse écrite, de l'édition, de la publicité et des loisirs.

Pour les étudiants, les demandeurs d'emploi et les salariés

Solutions en matière de financement pour les demandeurs d'emploi :

- le projet personnalisé d'accès à l'emploi (PPAE), via Pôle Emploi ;
- les contrats de professionnalisation ;
- les aides des conseils régionaux.

Solutions en matière de financement pour les salariés (via les OPCA) :

- le droit individuel à la formation (DIF) ;
- le congé individuel de formation (CIF) ;
- le plan de formation de l'entreprise.

Solutions en matière de financement pour les étudiants : les contrats en alternance et équivalents (prise en charge de formations par des entreprises en échange d'exonérations de charges patronales).

Pour plus d'informations, notamment pour les salariés en Île-de-France : www.fongecif-idf.fr.

Chapitre 4

Les partenaires professionnels des artistes

Il est courant de lire ou d'entendre que les musiciens n'ont plus besoin de s'entourer de professionnels pour développer leur carrière. Ceci est bien entendu un leurre. Même si le *do it yourself* peut s'avérer efficace grâce aux nouveaux outils numériques (home studio, réseaux sociaux, *crowdfunding*, etc.), il ne peut se suffire à lui-même, car ses moyens sont limités et le temps à y consacrer immense... Le DIY s'avère être surtout un excellent moyen de sensibiliser les professionnels (B2B).

Les artistes souhaitant vivre de leur musique doivent donc être soutenus, entourés et accompagnés par des professionnels de la filière musicale, même si, évidemment, il existe un important goulet d'étranglement quant à la signature d'artistes (beaucoup d'appelés, peu d'élus).

Il existe quatre types de partenaires professionnels pour les artistes musicaux :

- le manager, véritable coordinateur de la carrière de l'artiste ;
- l'éditeur musical, qui gère et développe les droits d'auteur ;
- le tourneur, qui développe l'activité scénique des artistes ;
- le producteur, le label ou la maison de disques, pour la musique enregistrée.

Le rôle central du manager

Le manager est le premier partenaire professionnel qu'un artiste ou un groupe doit rechercher. D'un point de vue théorique, c'est la « personne ou la structure chargée du développement économique d'un potentiel artistique » (source : *Profession manager*, éditions IRMA), autrement dit du développement de carrière de l'artiste.

Les missions du manager

Un manager doit généralement aider l'artiste en début de carrière à franchir trois étapes importantes.

1. Améliorer ses conditions de travail : optimisation du matériel, local de répétition digne de ce nom, etc.

2. Injecter une certaine notion d'efficacité : établissement et respect des plannings de travail, etc.

3. Anticiper sa future mise sur le marché (album, scène...) : mise en place de stratégies artistique et d'image cohérentes.

On considère également que le manager est une plate-forme qui coordonne l'ensemble des interlocuteurs d'un artiste, c'est-à-dire ses autres partenaires professionnels (maison de disques, éditeur musical, tourneur), les organismes professionnels (Sacem, Adami...), les médias, le public... C'est à lui que ces interlocuteurs vont principalement s'adresser et non directement à l'artiste. Il est donc important d'indiquer les coordonnées de son manager dans tous les supports de communication d'un artiste ou d'un groupe : site Internet, réseaux sociaux, maquette, biographie, dossier de presse...

Être représenté par un manager est souvent un gage de crédibilité et de professionnalisme auprès des autres interlocuteurs d'un artiste, d'autant qu'il est très difficile de se « vendre » soi-même ! Il a quatre missions principales.

1. **La représentation de l'artiste :**

   - inscription de l'artiste au sein des organismes professionnels si cela n'est pas déjà fait (Sacem, Adami...) ;

   - négociation des contrats (contrat d'artiste, contrat d'édition, contrats d'engagement...).

2. La gestion de carrière de l'artiste :

- mise en place et communication des plannings (répétitions, enregistrement, promotion…) ;
- conseils (artistiques, fiscaux…) ;
- information (statut de l'artiste…) ;
- coordination des partenaires de l'artiste et respect des obligations souscrites par ces tiers dans les contrats (contrôle du versement des royalties…).

3. La gestion de l'image de l'artiste :

- élaboration de la stratégie d'image avec l'artiste ;
- respect de sa diffusion auprès du public et des médias.

4. La recherche d'emplois rémunérateurs pour l'artiste :

- transmission des propositions de tiers à l'artiste (concerts, synchronisation…) ;
- prospection des autres partenaires professionnels (maison de disques, éditeur de musique et tourneur) ;
- dans l'attente de signatures avec d'autres partenaires, le manager se doit de développer lui-même les premières sources de rémunération (dates de concert, vente de supports autoproduits…), l'objectif premier étant souvent l'obtention du statut d'intermittent du spectacle pour les artistes (voir « Les contrats de la scène », au chapitre 4).

De par la palette de ses missions, un manager est souvent considéré comme un généraliste du secteur musical. Les profils d'un manager sont cependant différenciés mais son objectif principal reste le même : il fait tout sauf de la musique afin de permettre aux artistes de se consacrer essentiellement à leur art.

Les différents types de managers

On distingue trois types de managers : le manager amateur, le manager professionnel et le manager exclusif.

Le manager amateur

Il est souvent un ami ou un proche de l'artiste qui l'aide en tout début de carrière. Il n'est habituellement pas rémunéré ni contractuellement lié.

Il a donc généralement un métier ou une activité dans un autre secteur que celui de la musique.

Le manager amateur ne peut être considéré que comme une solution transitoire, car il ne bénéficie pas d'un réseau professionnel digne de ce nom et de compétences juridiques indispensables à cette activité. De plus, si cette mission est assumée par un proche, le manque de recul peut devenir un problème, un manager se devant d'avoir un sens critique sur les orientations de l'artiste.

Il est donc souhaitable de s'entourer, à un certain stade, d'un manager professionnel. Nombre d'entre eux se sont formés sur le terrain et sont donc passés progressivement d'une pratique amateur à un niveau professionnel. Jean-Claude Camus, par exemple, a débuté sa carrière avec celle de Johnny Hallyday et a tout appris sur le terrain jusqu'à devenir l'un des managers et tourneurs les plus réputés en France.

Le manager professionnel

Il peut être contractuellement lié à l'artiste mais il exerce habituellement un métier annexe dans le secteur musical : producteur discographique, diffuseur de spectacles ou, le plus souvent, tourneur.

C'est le type de manager que l'on rencontre le plus souvent en France. Nous pouvons notamment citer Yardie Productions, Prenup, Les Airs à Vif, Diese Records, DLP (Derrière Les Planches), Absolute Management, Neogene Music, Daka Tour, Albatros Productions & Management, BL Music…

Le manager exclusif

Plus rare et plus proche du modèle anglo-saxon, le manager exclusif ne s'occupe que de management d'artistes dont il tire son principal revenu. Il est généralement plus efficace et plus pointu que les autres types de managers, car il dispose de plus de temps et de motivation puisque son revenu est intégralement lié à celui de l'artiste auquel il est nécessairement lié contractuellement.

Les managers exclusifs sont, de manière récurrente, des personnes ayant travaillé dans plusieurs branches de l'industrie musicale, ce qui leur permet d'en maîtriser les différents rouages. Exemples : Bellevue Music, Talent Sorcier Management, La Familia Management, Al-Chimy Management, 2 Temps 3 Mouvements…

À noter

Dans le cadre des nouvelles stratégies de la filière musicale (voir « Les stratégies à 360° » au chapitre 5), Universal Music a récemment créé l'Olympia Agency, sa propre structure de management d'artistes.

Le statut et le contrat de management

Un statut très récent

L'activité de manager a très longtemps souffert en France d'un vide juridique relatif à l'absence de statut officiel, à l'inverse de celui d'agent artistique initié par la loi du 26 décembre 1969 qui stipule que le placement d'artiste peut être effectué à titre onéreux sous certaines conditions. C'est pourquoi une dizaine de managers français ont créé, en 1999, le syndicat MMF France *(Music Manager Forum France)*, antenne française de la fédération internationale des managers IMF *(International Manager Forum)*, destinée à soutenir et à faire reconnaître leur activité (www.mmffrance.com).

Après plusieurs années de lobbying, le travail du MMF France semble avoir porté ses fruits : le statut d'agent artistique a été modifié en France par l'article 21 de la loi 2010-853 du 23 juillet 2010 relative aux réseaux consulaires, au commerce, à l'artisanat et au service. Il s'agit de la transposition de la directive européenne du 12 décembre 2006 concernant les services et la liberté d'installation dans le marché intérieur européen.

Il aura cependant fallu attendre le 13 mai 2011 pour que le premier décret correspondant (n° 2011-517) soit publié au *Journal officiel*. Il définit le nouveau statut d'agent artistique qui permet d'englober celui de manager :

- l'activité d'agent artistique s'élargit du simple placement d'artistes (recherche de contrats, notamment d'engagement) à la représentation de leurs intérêts professionnels (conseils, gestion, suivi administratif, promotion, emplois du temps...), sans aucune limitation du nombre d'artistes à sa charge ;

- il n'est plus nécessaire d'obtenir une licence, qui était auparavant obligatoire et délivrée par le ministère du Travail, mais il faudra simplement s'inscrire sur un registre national auprès du ministère de la Culture et de la Communication ;

- les incompatibilités à l'exercice de cette activité ont été levées, à l'exception des producteurs d'œuvres cinématographiques ou audiovisuelles. Nombre de professions étaient auparavant interdites à la pratique du métier d'agent artistique, comme les exploitants de lieux de spectacles, les programmateurs de radio et de télévision ou les éditeurs de musique.

Bulletin d'adhésion et charte MMF France 2014

MMF FRANCE
LE SYNDICAT DES MANAGERS

BULLETIN DE COTISATION 2014

☐ Première adhésion   ☐ Renouvellement
si oui, n° adhérent : __________

Je déclare avoir pris connaissance du code de déontologie des managers MMFFrance et l'accepter.

En cas de manquement grave à l'une des règles de ce code, MMFFrance se réserve le droit d'exclure le membre manquant à ses obligations.

Nom : ....

Prénom : ....

Nom et type de la structure de Management : ....

Style(s) de musique(s) : ....

Artistes en management : ....

....

....

Adresse : ....

CP : .... VILLE : ....

Téléphone 1 : ....

Téléphone 2 : ....

Fax : ....

e.mail : ....

Je joins la somme de la cotisation de l'année 2014 :

110 €	Pour les adhérents dont le chiffre d'affaires en management est inférieur à 20.000 €
200 €	Pour les adhérents dont le chiffre d'affaires en management est supérieur à 20.000 €

Par chèque libellé à l'ordre de **MMFFrance** que j'adresse à :
MMFFrance – 2 rue Navarin -75009 PARIS

Signature :

CODE DE DEONTOLOGIE MMF FRANCE

LE ROLE DU MANAGER/ DEFINITION

Le Manager est un intermédiaire professionnel entre les artistes et les différents acteurs de l'industrie musicale. Son rôle est de conseiller les artistes afin de les aider à gérer et développer leur carrière artistique ; La première tâche d'un manager est de protéger et défendre en toutes circonstances les intérêts artistiques, moraux et financiers des artistes qu'il représente.

Les services du manager concernent notamment :

- L'orientation artistique de leur carrière (choix de répertoire, définition de l'image...)
- La promotion de leurs prestations, de leurs enregistrements, et des produits dérivés les concernant, en relations avec leurs partenaires (éditeur, producteurs phonographiques, promoteurs, organisateurs de spectacles...)
- La négociation des conditions financières dans lesquelles leurs prestations sont exploitées.

CHARTE MMF France

Les membres de MMF France doivent se conformer à cette définition de leur profession.

Les membres de MMF France s'engagent à suivre les règles du syndicat et prêter une attention toute particulière aux transactions financières engagées sous leur responsabilité ainsi qu'aux conflits d'intérêts susceptibles de nuire aux intérêts de leurs clients.

Dans le cas où le manager exercerait directement ou par personne interposée l'activité de producteur des spectacles de ses clients, d'éditeur de leurs œuvres, ou toute autre activité entrant dans le champ des activités de conseil qu'il leur rend, il s'interdit expressément de percevoir une double rémunération à ce titre.

Les membres de MMF France s'engagent à informer leurs clients du bon déroulement des actions entreprises afin de développer leur carrière.

Les membres de MMF France s'engagent à ne dévoiler aucune information d'un ordre quelconque concernant leurs clients à des tiers.

Les membres de MMF France s'engagent à informer par écrit leurs clients des modalités de leur collaboration et de son étendue. Ils s'engagent notamment à consigner par écrit le montant et l'assiette de leur rémunération.

Les membres de MMF France s'engagent à conseiller à leurs clients de prendre un conseil juridique avant de contracter un accord de management avec eux.

Les membres de MMF France s'engagent à se tenir mutuellement informés des évolutions en cours dans l'industrie musicale.

Tout manquement au code de déontologie de MMF France pourra constituer un motif d'exclusion du syndicat.

Le MMFF est un syndicat de managers d'artistes du monde de la musique au sens de la loi du 23 juillet 2010.

Un deuxième décret est paru au *Journal officiel* le 27 août 2011. Il précise les conditions de rémunération des agents artistiques, et donc des managers, autour de deux nouveaux principes :

- l'assiette de calcul de la rémunération des agents/managers est élargie à l'ensemble des revenus bruts avant impôt des artistes (cachets de spectacles, royalties, droits d'auteur, droits voisins, *merchandising*, sponsoring…) ;
- un plafond de 10 % des rémunérations brutes des artistes est fixé, mais il « peut être porté à 15 % si l'artiste confie à son agent artistique des missions spécifiques de gestion de carrière, pratique courante dans le secteur des musiques actuelles ».

Même s'il s'agit d'une avancée importante pour les managers français, beaucoup d'entre eux souhaiteraient que le taux de rémunération soit porté à 20 % comme dans les pays anglo-saxons, notamment pour compenser certains frais inhérents à cette activité.

Quoi qu'il en soit, il demeure extrêmement difficile de vivre exclusivement de cette activité.

Le contrat de management

Il stipule qu'en contrepartie d'une exclusivité et d'une rémunération fixées sur une durée précise (souvent trois ans renouvelables), généralement sans limitation territoriale, le manager s'engage à représenter l'artiste (négociation des contrats…), défendre ses intérêts et développer sa carrière (gestion du planning, suivi et coordination des partenaires, gestion de l'image, recherche d'emplois).

D'autres accords doivent également être précisés :

- les garanties de l'artiste : il se doit d'être libre de tout engagement similaire (ne pas être déjà lié contractuellement à un autre manager) et seul propriétaire de son nom d'artiste ;
- les garanties du manager : il se doit d'informer l'artiste, au moins de manière mensuelle, de toute proposition et de l'état d'avancement de ses démarches ;
- les règles de rémunération du manager :
  - le montant des commissions ;
  - la liste des revenus de l'artiste pris en considération ;

- la fréquence des factures émises par le manager (mensuellement, trimestriellement…), car c'est bien l'artiste qui rémunère son manager en France, à l'inverse des pays anglo-saxons ;
- le non-remboursement des frais du manager par l'artiste (attention à certaines personnes malintentionnées qui demanderaient aux artistes un salaire fixe ou le remboursement de certaines dépenses, cela n'est acceptable en aucun cas pour un manager professionnel ; méfiez-vous donc de votre interlocuteur !) ;
- les commissions dues au manager après l'expiration du contrat (généralement 50 % de sa commission initiale dans les trois mois suivants et 30 % sur une nouvelle période de trois mois).

Les structures juridiques

Le statut associatif est peu adapté à cette activité, notamment en termes de rémunération. Les membres du bureau doivent en effet être exclusivement bénévoles et il est plus que délicat de se salarier dans un premier temps sans mettre en péril la structure.

D'autres structures juridiques paraissent donc plus appropriées :

- l'autoentreprise (maximum 32 000 € de chiffre d'affaires), intéressante en début d'activité grâce à sa facilité de création et de gestion ;
- l'entreprise individuelle (pas de limitation de chiffre d'affaires), statut privilégié par les professions libérales ou TNS (travailleurs non salariés) ;
- l'EURL, dont le créateur est l'unique associé ;
- la SARL, notamment en cas de plusieurs activités (pour le manager professionnel) et/ou de rapprochement entre managers qui souhaitent s'associer en créant une structure commune.

L'éditeur de musique

L'édition musicale est certainement le secteur le moins connu, voire le moins visible, de la filière musicale. Pourtant, les éditeurs musicaux sont aujourd'hui souvent considérés comme des partenaires essentiels aux artistes créateurs de musique (auteurs et/ou compositeurs).

Leur importance tient au fait que leur travail s'effectue très en amont car il est attaché à la notion d'œuvre, c'est-à-dire à la création immatérielle de l'esprit (ligne mélodique, ligne rythmique, textes), déclinable par la suite sur tous les canaux de diffusion et de distribution de la musique (scène, médias audiovisuels, supports de musique enregistrée...). L'édition musicale est aujourd'hui le plus important secteur économique de la filière musicale (voir la section « Rôle central de la Sacem », au chapitre 2), et donc une source de rémunération non négligeable pour les artistes qui connaissent depuis plus de dix ans une mutation de leurs revenus (chute des ventes de disques...).

L'éditeur musical est donc le premier partenaire professionnel (avec le manager) dont doit s'entourer un artiste auteur-compositeur. Attention, cependant, car tous les éditeurs n'assument pas l'ensemble de leurs prérogatives ! Il s'agit donc d'être vigilant et bien informé, d'où l'intérêt d'être entouré d'un manager professionnel qui se doit de connaître la réputation, le catalogue et les différentes réalisations (synchronisation...) des éditeurs.

L'historique et la définition actuelle de l'éditeur musical

Le métier d'éditeur musical, appelé historiquement « éditeur graphique », est né au XVIe siècle avec les premières reproductions de partitions et de recueils de textes de chanson. Il s'agissait d'un marché non négligeable car il n'y avait que deux modes de consommation de la musique à cette époque : le spectacle vivant et l'achat de partitions ou de textes afin de jouer les œuvres chez soi. Puis, avec l'apparition croissante de nouveaux modes d'exploitation de la musique, le métier n'a cessé d'évoluer en incluant ces nouvelles pratiques et déclinaisons (musique enregistrée, médias audiovisuels, cinéma...), lui conférant une vision multisupport et donc globale du marché musical.

On considère aujourd'hui qu'un éditeur musical est le « professionnel qui assume par tous les moyens auprès du public la diffusion permanente et suivie d'une œuvre » (source : *L'édition musicale*, Jean-François Bert, éditions IRMA). Il est le manager des œuvres (à la différence des managers qui gèrent la carrière des artistes en tant que telle). Le concept d'œuvre est donc essentiel mais souvent flou : une œuvre musicale est attachée à l'idée de création musicale associant rythmes, sonorités et parfois textes. Cette notion est assimilée à une structuration sous forme de partition, soit la retranscription rationnelle et écrite d'une création artistique originale. Ce sont ces œuvres qui sont déposées à la Sacem.

Il est important de bien distinguer l'éditeur musical de l'éditeur phonographique qui, comme son nom l'indique, est attaché au secteur de la musique enregistrée. La confusion est d'autant plus courante que certaines structures, notamment les Majors du disque, intègrent ces deux activités. Le premier gère des œuvres, le second des enregistrements qui ne sont que des versions d'œuvres enregistrées à un instant *t*. La notion d'œuvre est donc beaucoup plus large et s'inscrit dans une logique patrimoniale de durée.

Le cadre légal : les droits d'auteur

Le cadre légal qui régit le secteur de l'édition musicale est celui des droits d'auteur (voir au chapitre 2 la section « Les droits d'auteur et la Sacem »). La Sacem joue donc un rôle central dans ce secteur, car elle collecte, répartit et redistribue directement les droits aux créateurs et à leurs éditeurs musicaux. Ces derniers se rémunèrent en effet majoritairement sur un pourcentage des droits de leurs auteurs (65 % de leurs revenus en moyenne). La répartition, assurée par la Sacem, est de deux ordres :

- statutaire et donc non variable pour les droits d'exécution publique ou de représentation : ⅔ pour les auteurs (⅓ pour les compositeurs et ⅓ pour les paroliers) et ⅓ pour leurs éditeurs ;

- contractuelle et donc négociable (accords entre les différents ayants droit de l'œuvre) pour les droits de reproduction mécanique, généralement de 50 % pour les auteurs (25 % pour les compositeurs et 25 % pour les paroliers) et 50 % pour les éditeurs.

Un éditeur musical se doit donc de s'inscrire à la Sacem. Outre un droit d'entrée de 127 € (en 2014), le dossier d'adhésion doit comporter les éléments suivants :

- le formulaire de demande d'admission ;

- la photocopie d'une pièce d'identité du représentant légal de la société d'édition ainsi qu'une photo d'identité ;

- une fiche d'état civil du représentant légal de la société ;

- les statuts de la société dans lesquels l'édition musicale doit figurer comme l'un des objets sociaux ;

- un extrait original et récent d'enregistrement au Registre du commerce (K-bis) de moins de trois mois ;

- la parution originale de la constitution de la société dans un journal d'annonces légales *(Journal officiel...)* ;
- dix œuvres originales non coéditées, éditées graphiquement (formats commerciaux, imprimés et non photocopiés), les œuvres devant appartenir au répertoire de la Sacem ou d'une société d'auteurs qui lui a donné mandat pour la représenter ;
- un exemplaire du contrat de cession et d'édition d'œuvre musicale correspondant aux dix œuvres éditées graphiquement, les bulletins de déclaration correspondants auxdites œuvres (voir la figure ci-après), un exemplaire des contrats de cession du droit d'adaptation audiovisuelle si l'éditeur est cessionnaire de ce droit ;
- la justification de l'exploitation commerciale de ces dix œuvres (exécution publique, enregistrement sur un phonogramme ou un vidéogramme du commerce, diffusion audio ou audiovisuelle...).

Les missions d'un éditeur de musique

Comme nous l'avons indiqué précédemment, les rôles d'un éditeur musical n'ont cessé et ne cessent d'évoluer dans le temps car ils intègrent tous les modes d'exploitation de la musique : musique enregistrée, scène, audiovisuel, nouvelles technologies (jeux vidéo, Internet, téléphonie mobile)...

Les éditeurs musicaux ont tout d'abord une obligation de résultat, c'est-à-dire l'obligation contractuelle de reproduire au minimum cent exemplaires de chaque œuvre signée (cent partitions). Cette mission est anecdotique car le marché des partitions est aujourd'hui marginal, surtout en termes de musiques actuelles. Il s'agit plus d'un rappel et d'un clin d'œil historique du métier d'éditeur que d'un rôle central.

Les véritables missions d'un éditeur digne de ce nom vont donc être attachées à la gestion et au développement des droits de ses auteurs avec lesquels il se sera lié contractuellement :

- l'administration des droits : dépôts Sacem, vérification des répartitions, reddition des comptes... ;
- la protection des droits : l'éditeur est habilité à défendre les intérêts de ses auteurs (non-respect du droit moral, plagiat...) en entamant toute action judiciaire nécessaire ;

sacem

Bulletin de déclaration

(Auteur - Compositeur - Éditeur)

Titre de l'oeuvre *

Sous-titre

A   Durée   h   m   s

Genre

Destination de l'arrangement

Oeuvre extraite du film

Référence de l'enregistrement

Date de la première diffusion   /   /

Lieu ou diffuseur

Territoire(s) cédé(s)   ☐ Monde entier   ☐ Autres (merci de préciser)

Lorsque l'oeuvre est éditée, mentionnez les territoires concernés par la cession.

Formulaire pour imprimante uniquement.
Ne pas remplir à la main.

B   **Créateur(s) et Editeur(s) Original(aux) de l'oeuvre**

Rôle *   Nom et Prénom *   Code International   **2** COAD   Clé DEP **3** Clé Phono *

Commentaire   Total = 100,00%

Fait à   Le

*   *   *

Signature   Signature(s)   Signature(s)
Auteur(s) et compositeur(s)   Arrangeur(s) ou   Éditeur(s)
                               Adaptateur(s)

* = A remplir obligatoirement

Société des Auteurs, Compositeurs
et Editeurs de Musique
Société civile à capital variable - 775 675 739 - RCS Nanterre
225, avenue Charles de Gaulle
92528 NEUILLY SUR SEINE CEDEX
www.sacem.fr

3 760032 630183

711 - 01/2011

© Sacem – www.sacem.fr

Bulletin de déclaration Sacem pour l'éditeur.

- l'exploitation des œuvres : il s'agit aujourd'hui de la mission centrale d'un éditeur musical puisqu'elle génère des rémunérations notamment liées aux droits d'auteur. Trois modalités majeures se dégagent :

  - le *song pitching*, soit le placement d'œuvres auprès d'interprètes : un éditeur se doit donc d'être constamment en rapport avec les autres professionnels du secteur (artistes, managers, labels...) ;

  - en complément d'un manager, si un éditeur collabore avec des auteurs-compositeurs également interprètes, il peut aussi chercher à faciliter leurs signatures directes avec d'autres professionnels comme les labels et les tourneurs – une sortie d'album et une tournée seront effectivement sources de droits d'auteur !

  - le *song plugging* ou la synchronisation (de la musique sur de l'image en mouvement) : il s'agit du placement de titres dans des œuvres audiovisuelles, comme le cinéma, les émissions télévisuelles et radiophoniques (jingles...), la publicité, les jeux vidéo... Cette activité est en forte croissance et de plus en plus rémunératrice pour les artistes et les éditeurs qui s'y investissent. La synchronisation correspond aujourd'hui à plus de 20 % des droits d'auteur collectés par la Sacem. Certains artistes ont même été découverts grâce à une « synchro », comme Yael Naïm dont la carrière a véritablement décollé grâce à l'utilisation en 2008 de son titre *New Soul* dans la publicité du MacBook Air d'Apple. Et les exemples sont de plus en plus nombreux (The Dø avec les cahiers Oxford, Jill is Lucky pour un parfum de Kenzo...).

Enfin, les éditeurs musicaux de qualité s'investissent fréquemment dans le soutien à la création de leurs auteurs. Leviers financiers non négligeables, ils peuvent en effet acheter ou louer du matériel pour leurs auteurs (instruments, home studio...), voire participer au budget de répétition (avant une tournée, par exemple).

Certains éditeurs gèrent également des catalogues éditoriaux pour le compte d'autres éditeurs.

En résumé

Les rémunérations d'un éditeur de musique proviennent en moyenne (source : CSDEM) :

- à 65 % du pourcentage sur les droits de ses auteurs ;

- à 25 % du droit de synchronisation (redevances forfaitaires dite *flat fee*) ;

- à 10 % d'autres rémunérations comme les redevances (royalties) sur les ventes de partitions (anecdotique aujourd'hui), les prestations de services (gestion de catalogue pour d'autres éditeurs...).

Les différents types d'éditeurs de musique

Il existe quatre catégories majeures d'éditeurs musicaux : les éditeurs indépendants, les labels et maisons de disques, les artistes-éditeurs et les éditeurs liés à des structures audiovisuelles.

Les éditeurs indépendants

Comme leurs noms l'indiquent, ils n'appartiennent à aucune autre compagnie : les éditions Raoul Breton, Peermusic, Upton Park Publishing...

Les labels et les maisons de disques

Ils ont cherché à diversifier leurs activités dans une logique de stratégie « à 360° » (voir le chapitre 5), notamment depuis la crise du disque. Les Majors du disque ont ainsi leurs propres structures d'édition qui dominent le marché (plus de 80 %) : Sony Publishing (leader du marché depuis l'acquisition récente d'EMI Publishing en 2012), Universal Publishing et Warner/Chappell Music Inc. Des labels indépendants, et notamment les « majorettes » (les plus grands indépendants français), ont suivi le mouvement : Because Éditions, les Éditions Wagram...

Les artistes-éditeurs

Certains artistes ont bien entendu monté leur propre structure d'édition, ce qui leur permet de contrôler leurs stratégies et de récupérer la part éditoriale de leurs droits d'auteur. Des artistes comme M ou Olivia Ruiz se sont inspirés de ce modèle initié dans les années 1960 par Claude François et autre Serge Gainsbourg.

Les éditeurs liés à des structures audiovisuelles

On en retrouve notamment dans les secteurs des médias audiovisuels (TF1/Une Musique, Endemol France Music...), du cinéma (Gaumont Musique...) et des jeux vidéo (Éditions Ubisoft Musique Inc, etc.).

Les contrats d'édition

La durée des droits d'auteur étant de soixante-dix ans après la mort des auteurs, les contrats d'édition permettent aux éditeurs de se constituer un catalogue qu'ils pourront exploiter sur le long terme.

Un contrat d'édition, dont la durée moyenne est de 5 ans renouvelables, est constitué de trois éléments :

- le contrat de cession et d'édition d'œuvre musicale qui confère à un éditeur le droit de reproduire les œuvres signées (partitions, disques, spectacles...) ;
- le contrat de cession du droit d'adaptation audiovisuelle, plus particulièrement relatif à la synchronisation. L'auteur devra en outre donner en complément son accord écrit pour toute forme d'exploitation audiovisuelle ;
- le pouvoir général et irrévocable qui permet à l'éditeur de représenter l'auteur, notamment auprès des autres professionnels de la musique (labels, tourneurs...) et des tribunaux en cas de procédure judiciaire.

Il existe une dernière partie au contrat d'édition, en théorie non obligatoire mais en pratique plus que courante : le contrat ou pacte de préférence. Il s'agit d'une promesse faite par un auteur à un éditeur de lui présenter ses futures œuvres en priorité, l'éditeur étant ensuite libre de les signer ou non. La durée moyenne se situe entre trois et cinq ans après la signature de la première œuvre. L'intérêt de ce pacte de préférence est double :

- garantir à l'éditeur une certaine sécurité en termes de retour sur investissement et pouvoir ainsi s'engager sur le long terme avec un auteur ;
- faciliter pour un auteur les négociations d'avances sur droits d'auteur et autres investissements (matériel, répétitions...) en échange de la signature de ce contrat. Un artiste peut en effet demander une avance lors de la signature du contrat d'édition, mais un éditeur n'est pas dans l'obligation de l'accepter...

D'autres contrats existent entre éditeurs, notamment :

- **le contrat de gestion de catalogue éditorial** lorsqu'un éditeur confie à un autre la gestion de son catalogue dont il demeure propriétaire : les missions déléguées ainsi que les rémunérations correspondantes y seront notamment précisées ;
- **le contrat de coédition** lorsque plusieurs éditeurs, généralement deux, décident de gérer conjointement des œuvres : y seront définis la durée, la répartition des tâches, le partage des droits... ;
- **le contrat de sous-édition** qui permet à un éditeur de se faire représenter par un autre à l'étranger. Il déterminera le(s) territoire(s) cédé(s), la durée, l'étendue des missions, ainsi que la répartition des rémunérations.

Le tourneur

La scène apparaît depuis la crise du disque, il y a une douzaine d'années, comme l'ultime recours pour les artistes pour maintenir leur activité… Les concerts permettraient ainsi de compenser les pertes de revenus liées à la musique enregistrée, situation qui ne concerne en réalité que les artistes déjà bien implantés ! Cet engouement des artistes et des professionnels pour la scène crée en effet un nouveau goulet d'étranglement, la concurrence s'étant accentuée entre artistes et tourneurs. Il ne faut donc pas croire qu'il y a de la place pour tous sur scène ! D'ailleurs, une étude réalisée en 2010 par Topspin Media considère que seuls 25 000 à 30 000 musiciens pourraient vivre du *live* dans le monde.

Malgré un marché en croissance de 7 % en moyenne par an entre 2005 et 2010 (source : CNV), la situation est donc moins mirifique qu'elle n'y paraît. Le phénomène le plus inquiétant vient de la baisse de fréquentation de 1 % en 2012 (moins 3 % pour les seuls festivals de musiques actuelles), soit une chute de 11 % par représentation. Cette problématique est encore plus accentuée dans les petits lieux qui programment des artistes découverte.

Si l'on peut qualifier cette activité de cyclique (il s'agit d'un marché excessivement mouvant selon les années), la scène est également un secteur extrêmement concentré et ce, à un triple niveau. Une concentration économique tout d'abord, autour de quelques grandes structures puisque les cinquante premiers déclarants (les plus grands tourneurs, salles, festivals), qui ne représentent que 11 % des représentations payantes, s'accaparent 41 % de la fréquentation totale et 62 % des recettes de billetterie ! Une concentration géographique est également indéniable, puisque 51 % des représentations payantes ont lieu en Île-de-France, pour 38 % de la fréquentation et 45 % du montant total de billetterie, et il existe de fortes disparités selon les régions. Le secteur scénique est enfin concentré artistiquement, c'est-à-dire sur quelques genres de musiques, puisque les thématiques rock/pop et chanson française représentent plus de 40 % du total des entrées.

• • •

SYNTHÈSE DES CHIFFRES SUR LA DIFFUSION DES SPECTACLES DE VARIÉTÉS
ET DE MUSIQUES ACTUELLES EN FRANCE EN 2012

LA DIFFUSION DE SPECTACLES EN 2012, C'EST :

55 608
REPRÉSENTATIONS DE SPECTACLES DE VARIÉTÉS
ET DE MUSIQUES ACTUELLES

21,4 millions
DE SPECTATEURS POUR LES REPRÉSENTATIONS PAYANTES

3 309
EXPLOITANTS DE SALLES, PRODUCTEURS
OU DIFFUSEURS DE SPECTACLES DÉCLARANTS

656 millions
D'EUROS DE RECETTES

**LES PRINCIPALES ÉVOLUTIONS
ENTRE 2011 ET 2012**

- Sur l'ensemble des déclarations, hausse du nombre de représentations payantes (11%) sans augmentation de la billetterie, avec une légère baisse de la fréquentation
- Fléchissement de la fréquentation confirmé à périmètre constant (-2%) malgré une légère hausse de 2% à 3% des recettes et du nombre de représentations
- Les festivals tirent mieux leur épingle du jeu en termes de billetterie que les représentations isolées ou ayant eu lieu dans le cadre de saisons (légère hausse pour les premiers, légère baisse pour les secondes)
- Baisse de la fréquentation moyenne par représentation principalement imputable à la croissance du poids des petites représentations dans l'ensemble de celles déclarées mais aussi aux difficultés rencontrées à mobiliser des spectateurs
- Quelques tournées phares et spectacles événements qui ne compensent pas des tournées aux résultats moyens
- Forte baisse du genre Chanson en 2012 malgré des tournées importantes (dont celle de Johnny Hallyday) et baisse de fréquentation moyenne pour l'ensemble des catégories hormis le Rap Hip-Hop Reggae et assimilés et les Musiques électroniques
- Pas d'accentuation de la concentration par déclarant entre 2011 et 2012 mais un accroissement du nombre d'entreprises de grande envergure responsables de la diffusion de spectacles de musiques actuelles et de variétés

---

32 euros de prix moyen du billet, mais le prix médian est de 13 euros.

60% des représentations comptent moins de 200 entrées mais celles qui comptent plus de 1 500 entrées représentent 58% de la billetterie et 46% de la fréquentation totales.

50% des représentations ont lieu dans des salles de spectacles spécialisées dans les musiques actuelles et variétés.

Les 50 premiers lieux de diffusion déclarés concentrent 59% de la billetterie, 39% de la fréquentation pour 10% des représentations payantes.

Les 17 Zénith pèsent à eux-seuls pour 14% de la billetterie, 11% de la fréquentation pour seulement 1% du nombre total de représentations payantes

Les festivals concentrent 16% des recettes de billetterie déclarées et 20% de la fréquentation totale mais représentent plus du tiers des entrées totales et de la billetterie pour les genres Jazz et musiques improvisées, Musiques du monde et Pop-Rock et genres assimilés.

51% des représentations payantes ont lieu en Ile-de-France pour 38% de la fréquentation et 45% des recettes de billetterie.

Les sociétés commerciales représentent 75% de l'assiette déclarée mais les associations et le secteur public concentrent 52% du nombre total de représentations.

Les 50 premiers déclarants en termes d'assiette concentrent 62% de de la billetterie pour 41% de la fréquentation et 11% du nombre de représentations payantes.

© CNV, Centre national de la chanson des variétés et du jazz – www.cnv.fr

Indicateurs sur la diffusion des spectacles de variétés et de musiques actuelles en France en 2012.

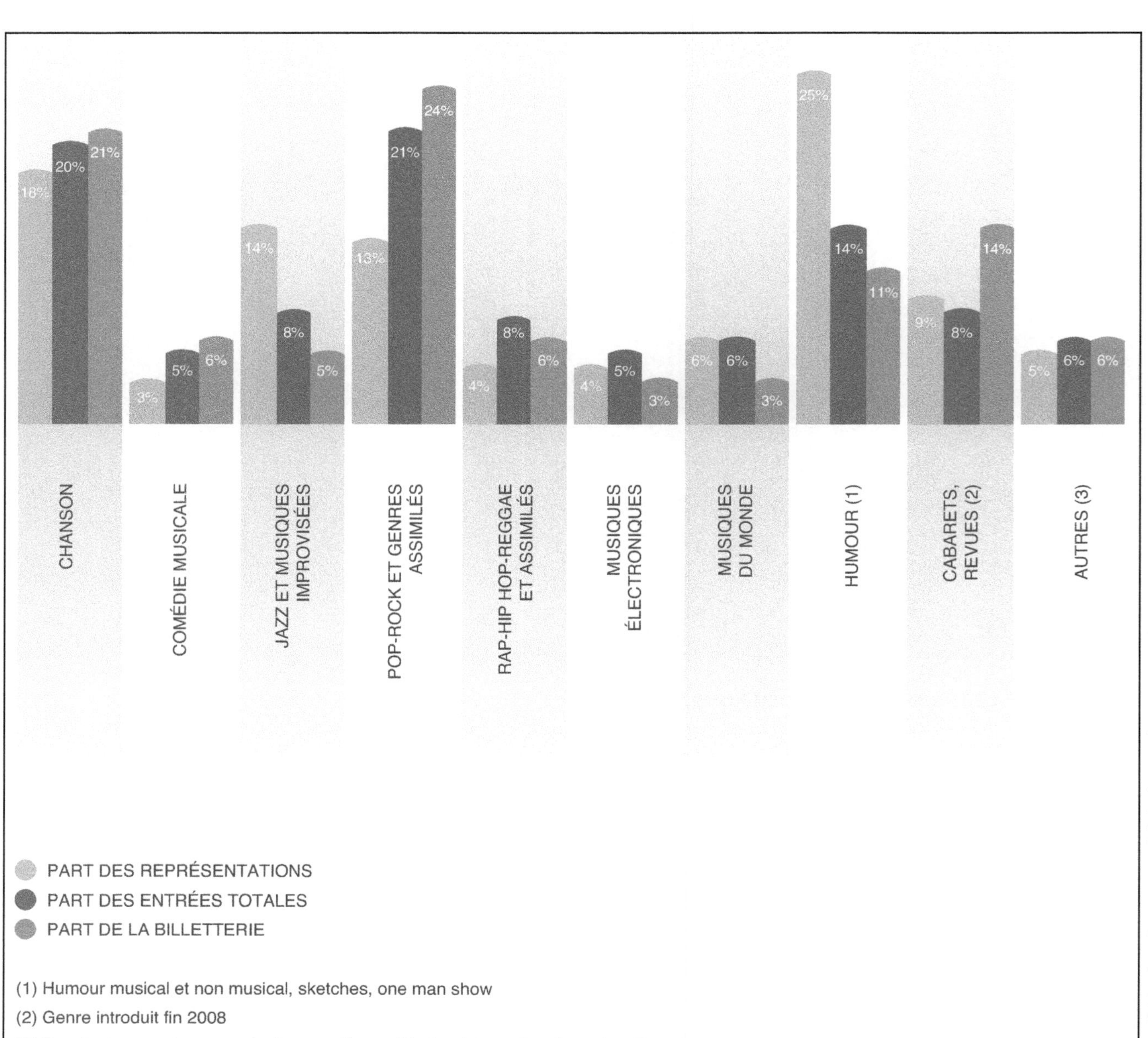

*Répartition des représentations payantes par genre en France en 2012
(période du 1er janvier au 31 décembre 2012 – déclarations reçues le 30 avril 2013).*

L'objectif principal d'un tourneur est, comme son nom l'indique, la mise en place de tournées qui correspondent au déplacement d'une durée relativement longue d'un artiste et de son équipe à travers les lieux d'un secteur géographique donné. Il collabore avec l'entourage professionnel de l'artiste (manager, éditeur et maison de disques) afin de créer une synergie entre la sortie de l'album et la tournée, chacune devant soutenir l'autre.

Les tourneurs peuvent bénéficier d'aides de la maison de disques et de l'éditeur musical d'un artiste. Ces « tour supports » prennent la forme de soutiens financiers (de plus en plus rares avec la crise du disque) et/ou matériels (supports de communication, répétitions, matériel...).

L'environnement juridique : les licences d'entrepreneur de spectacles

L'ensemble des acteurs du spectacle vivant est regroupé autour de la même appellation : les entrepreneurs de spectacles. Cette notion est régie par l'ordonnance du 13 octobre 1945 qui stipule qu'un entrepreneur de spectacles désigne « toute personne qui exerce une activité d'exploitation de lieux de spectacles, de production ou de diffusion de spectacles, seule ou dans le cadre de contrats conclus avec d'autres entrepreneurs de spectacles vivants, quel que soit le mode de gestion, public ou privé, à but lucratif ou non, de ces activités ».

L'ordonnance de 1945 a connu différents aménagements successifs dont l'amendement de 1992 qui intègre le secteur associatif et la loi n° 99-198 du 18 mars 1999 qui instaure trois catégories de licences représentant une autorisation d'exercer :

- la licence de 1re catégorie pour les exploitants de lieux de spectacles aménagés pour les représentations publiques (salles de spectacles...) ;

- la licence de 2e catégorie pour les producteurs de spectacles et tourneurs qui sont responsables du plateau artistique (employeurs des artistes et techniciens rattachés au spectacle) ;

- la licence de 3e catégorie pour les diffuseurs qui ont à leur charge l'organisation des spectacles (accueil du public, billetterie, sécurité...), comme les festivals. Les promoteurs locaux partagent également cette licence.

Exception aux licences d'entrepreneur de spectacles

Les entrepreneurs de spectacles occasionnels, c'est-à-dire les personnes physiques et morales qui n'organisent pas plus de six représentations par an, ainsi que les groupements d'artistes amateurs, sont dispensés de l'obtention d'une licence. Depuis le 1er janvier 2004, ils doivent obligatoirement utiliser le GUSO (Guichet unique du spectacle occasionnel) pour leurs déclarations sociales : www.guso.fr.

À noter

À l'image de la disparition de la licence d'agent artistique, la suppression de celles du spectacle est envisagée depuis quelque temps dans le cadre de l'homogénéisation des législations des pays européens – la France étant le seul État de l'Union européenne à avoir mis en place cette réglementation.

Ces licences, délivrées par les DRAC (Directions régionales des affaires culturelles), sont gratuites, cumulables et non contingentées (pas de nombre limité d'attributions). Elles sont personnelles, nominatives et incessibles. Elles peuvent être demandées par une personne physique immatriculée au Registre du commerce et des sociétés ou au répertoire des métiers (entreprises individuelles, autoentreprises...), ou par un représentant d'une personne morale (président d'association, gérant de société...). Le demandeur doit respecter plusieurs critères :

- être majeur et de nationalité française ;
- justifier d'un casier judiciaire vierge ;
- justifier d'un diplôme d'enseignement supérieur (bac +2 au minimum) ou de deux ans d'expérience au minimum dans le secteur du spectacle vivant.

Ces licences sont à renouveler tous les trois ans en justifiant notamment d'être à jour du paiement des cotisations sociales (congés spectacles...). Le formulaire de demande est disponible via www.formulaires.modernisation.gouv.fr/gf/cerfa_11781.do.

Les missions du tourneur

Le tourneur est un entrepreneur de spectacles dont la mission principale est de négocier le plus grand nombre de dates possible pour ses artistes afin de rendre le spectacle rentable. Il est, dans ce cadre, l'employeur des artistes et des techniciens attachés au spectacle. Il est donc le partenaire scénique des artistes interprètes que les managers tentent de démarcher.

Les tourneurs s'investissent dans deux missions principales :

- le financement : c'est le producteur de spectacles qui investit dans la création des spectacles, généralement par la mise en place de résidences d'artistes qui correspondent à des répétitions en conditions réelles de scène (souvent dans une SMAC) : mise en scène, création lumière, décors, costumes... C'est cette mission qui correspond plus précisément à la notion de producteur de spectacles ;
- la diffusion des spectacles par différents biais : le booking, c'est-à-dire la vente de spectacles aux diffuseurs (salles de concerts, festivals...), la production et l'organisation de concerts (location de salles parisiennes, Zénith...) voire la coproduction avec un diffuseur, un autre tourneur ou même avec l'artiste.

145

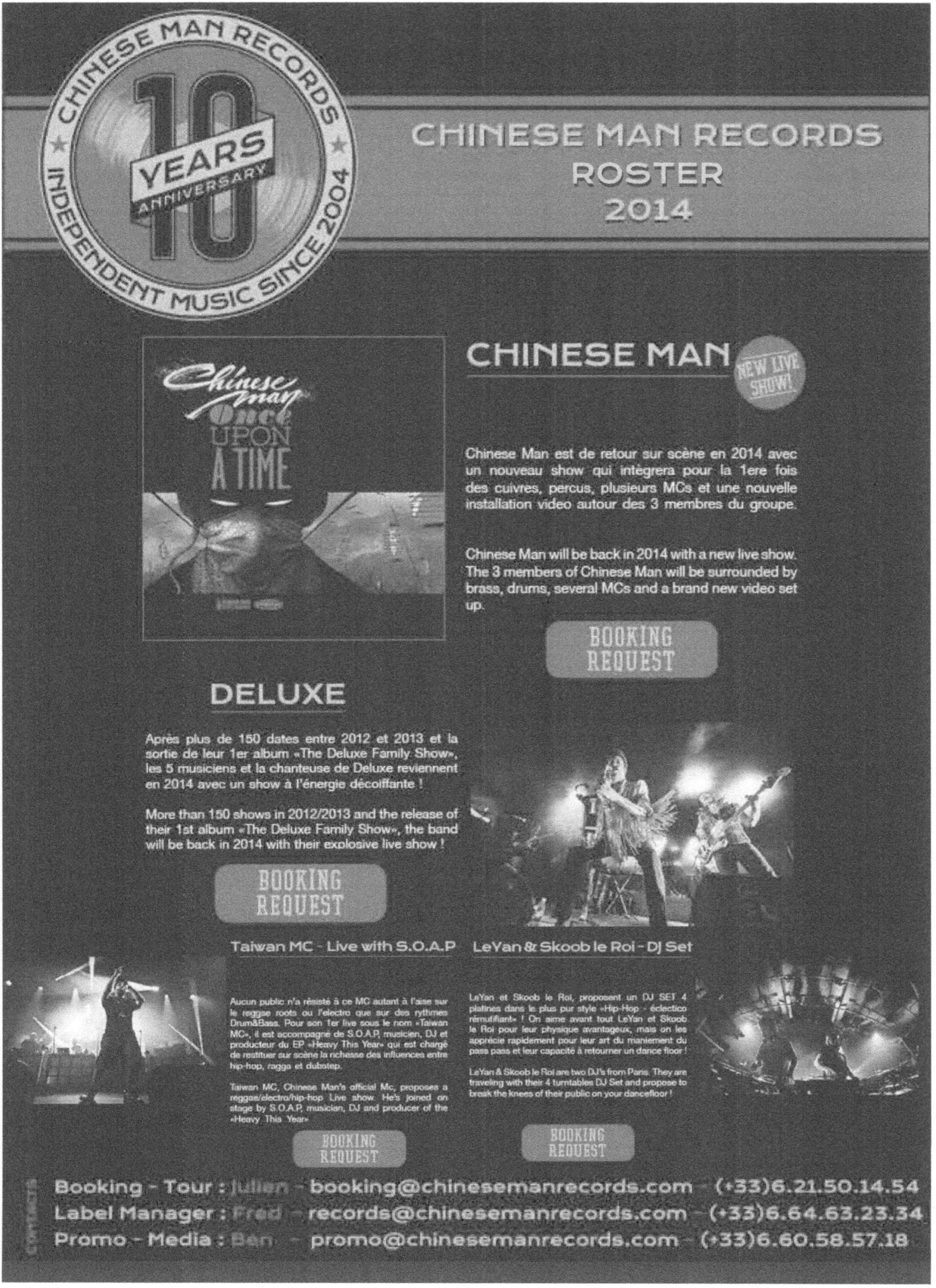

Roster 2014 Chinese Man Records.

Budget prévisionnel de tournée

BUDGET PREVISIONNEL DETAILLE - CHARGES					
Producteur :		N° de compte :		Nom de l'artiste ou du groupe :	
Phases du projet	**Répétitions, préproduction, etc.**	**Productions & coproductions**	**Cessions & coréalisations**	**Total Opération HT**	
CHARGES	Prévisionnel	Prévisionnel	Prévisionnel	Prévisionnel	%
Coûts artistiques					
Salaires bruts des Artistes/Musiciens					
Charges patronales					
Honoraires & prestations artistiques (Mise en scène, création costumes & décors, écriture & composition...)					
Droits d'auteur (mise en scène, etc.)					
Contrats de cession des 1res parties					
Autres dépenses (à préciser)					
Technique, logistique, sécurité					
Salaires des techniciens					
Charges patronales					
Location de salle					
Honoraires & prestations de service des personnels techniques (Personnel de la salle, technique, S.O., etc.)					
Location de matériel de son et d'éclairage					
Location de structures (ponts, etc.)					
Location de backline					
Achats de consommables					
Fabrication des costumes et décors					
Autres dépenses (à préciser- bars, décoration...)					
Transport, hébergement, restauration					
Location Véhicule					
Train/Avion					
Frais de route (carburant, péages...)					
Hôtel					
Restauration					
Défraiements jours travaillés					
Défraiements jours non travaillés					
Autres dépenses (à préciser)					
Communication & commercialisation					
Création, réalisation, fabrication (programmes, affiches...)					
Diffusion (achat d'espace, affichage)					
Merchandising					
Salaires bruts d'attaché de presse					
Charges patronales					
Honoraires et prestations d'attachés de presse					
Coût de promotion locale (promoteur local...) à préciser					
Frais de gestion de la billetterie					
Autres dépenses (à préciser)					
Taxes, assurances & divers					
Taxe sur les Spectacles de Variétés (CNV)					
SACEM					
SACD					
Assurances					
Provision pour dépenses imprévues					
Frais financiers					
Frais exceptionnels (à préciser)					
Autres dépenses (à préciser)					
Frais de structure					
Estimation des frais de fonctionnement					
TOTAL DES CHARGES					

BUDGET PREVISIONNEL DETAILLE - PRODUITS

Producteur :	N° de compte :	Nom du spectacle		

Phases du projet	Répétitions, préproduction, etc.	Productions & coproductions	Cessions & coréalisations	Total Opération HT	
I - PRODUITS	Prévisionnel	Prévisionnel	Prévisionnel	Prévisionnel	%
Recettes nettes de production					
Billetterie					
Cessions (dont préachats du spectacle)					
Co-réalisations					
Minimum garanti					
Pourcentage					
Reversion au(x) coproducteur(s) (le chiffre inscrit sera **déduit automatiquement** de la recette)					
Recettes annexes					
Vente de produits dérivés					
Droits de captation audiovisuelle					
Autres recettes (à préciser - bars, concessions...)					
Recettes partenaires					
Maison de disques - Tour support					
Maison de disques - Valorisations (promotion...)					
Editeur - Tour support					
Editeur - Valorisations (promotion...)					
Salle - Numéraire					
Salle - Valorisation					
Sponsoring					
Partenariats média					
Autres recettes (à préciser)					
Subventions & Aides					
1 - CNV					
2 - Organismes professionnels					
ADAMI					
SACEM					
FCM					
SPEDIDAM					
SCPP					
SPPF					
Autres (à préciser)					
3 - Organismes publics					
Europe					
Etat - subventions					
Etat - aides (CNASEA...)					
Région					
Département					
Communauté urbaine / de communes / d'agglomérations					
Ville					
Autres (à préciser)					
TOTAL DES PRODUITS					
II - Apports du producteur					
Apports en fonds propres					
Apports du (des) coproducteur(s)					
Autres (à préciser)					
TOTAL FINANCEMENT					
EQUILIBRE DU BUDGET PREVISIONNEL					

Un tourneur doit donc posséder une large palette de compétences :

- artistiques (soutien à la création des spectacles…) ;
- budgétaires (voir budget type de tournée, pages 146-147) ;
- organisationnelles (logique géographique…) ;
- techniques (besoins techniques des artistes…) ;
- logistiques (transport…) ;
- promotionnelles (voir exemple de *roster* sur la figure page 145, outil central de la prospection des diffuseurs par les tourneurs).

Les différents types de tourneurs

Le terme « tourneur », ou « entrepreneur de tournées », est couramment employé dans le secteur des musiques actuelles. Il s'approche de la notion de producteur de spectacles. Ces deux métiers sont en effet théoriquement distincts, le producteur de spectacles s'investissant dans la création et le tourneur dans la diffusion des concerts. Cependant, ces deux activités étant complémentaires, elles sont très souvent regroupées au sein des mêmes structures. Elles partagent d'ailleurs la même licence d'entrepreneur de spectacles (catégorie 2). Attention à certaines confusions car un tourneur est souvent appelé « agent » dans nombre de pays étrangers, notamment anglo-saxons !

Le rôle central d'un tourneur est dévolu au(x) booker(s), c'est-à-dire la (ou les) personne(s) s'occupant de « vendre » les spectacles aux diffuseurs visés (salles de concerts, festivals…), en prenant en charge l'ensemble du cadre financier, administratif et légal autour de la venue de l'artiste. Il s'agit donc d'un poste clé dans la gestion de la diffusion, et donc de la vente, des spectacles vivants.

Dans un cadre stratégique de diversification de leurs activités, certains tourneurs ont été rachetés par des Majors et « majorettes » du disque, par exemple Jean-Claude Camus Productions, récemment devenu Décibels Production, et Nous Prod par Warner Music France, Arachnée Productions par Sony et Corrida par Because (voir « Les stratégies à 360° », au chapitre 5).

Nous pouvons distinguer trois types de tourneurs en France : les grands tourneurs, les structures intermédiaires et les tourneurs associatifs.

Les grands tourneurs

Les grands tourneurs, souvent sous forme de Sociétés anonymes, travaillent avec de nombreux artistes (plusieurs dizaines), souvent de tous styles musicaux, et développent d'autres activités (gérance de salles de spectacles, organisation de festivals...).

L'avantage est bien entendu leur force de frappe et leur réseau. Ils peuvent plus facilement que d'autres imposer des artistes en développement à des diffuseurs (salles de concerts, festivals...) en échange de certaines de leurs têtes d'affiche. Le risque, pour les artistes en développement, est de se retrouver noyés dans la masse et de ne pas être une priorité pour le tourneur...

En France, cette quinzaine d'entités de grands tourneurs est pour la plupart basée à Paris ou en région parisienne : Alias Production, Astérios Spectacles, Azimuth Productions, Nous Productions, Décibels Productions, Live Nation, Auguri Productions...

Les structures intermédiaires

Viennent ensuite les structures intermédiaires, souvent des SARL, qui collaborent avec un nombre plus limité d'artistes (une dizaine en moyenne) et s'investissent également souvent dans le management. Ces tourneurs ne bénéficient pas de la notoriété des « grands » mais sont souvent plus investis dans le développement de carrière. Ils peuvent par ailleurs être spécialisés dans un style de musique, ce qui leur permet de maîtriser parfaitement un réseau précis (rap, reggae, électro, jazz, musiques du monde...), comme Johan Production qui ne collabore qu'avec des artistes de hip-hop (IAM, Soprano...).

Ces tourneurs sont implantés sur tout le territoire français : Pyrprod (Bourgogne), 3C (Aquitaine), Furax et BL Music (Île-de-France), NeoNovo (Bretagne), À Gauche de la Lune (Nord)...

Les tourneurs associatifs

Les tourneurs associatifs, enfin, correspondent fréquemment à des structures montées par les artistes eux-mêmes le temps de trouver mieux ou même par certains tourneurs en début d'activité. Ces associations ont souvent peu de moyens, notamment pour le financement de la création des spectacles (résidences...), un rayonnement souvent limité à une région, mais beaucoup de bonne volonté. Les exemples sont très nombreux.

Les contrats de la scène

Entre artistes et tourneurs

Des contrats liant artistes et tourneurs pour une durée définie (souvent de 3 à 5 ans renouvelables) existent, bien entendu, mais ce n'est pas la norme concernant les artistes en développement.

En effet, comme ces contrats garantissent une exclusivité pour les tourneurs, ceux-ci doivent en retour s'engager sur un minimum de dates et donc de cachets pour les artistes (43 au minimum en 10 mois) afin de leur assurer le statut d'intermittent du spectacle. Ces 43 cachets étant difficiles à obtenir pour les artistes en début de carrière, nombre de tourneurs préfèrent s'abstenir de tout contrat avec leurs artistes en développement, afin de ne pas mettre à mal la survie de leur structure en se retrouvant à devoir payer plus de cachets que de dates réellement réalisées. Une confiance réciproque doit donc être de rigueur entre artistes et tourneurs.

Le statut d'intermittent du spectacle

Ce régime unique au monde, créé en 1936 pour le cinéma, s'est élargi dès 1969 aux artistes et techniciens du spectacle vivant. Cette législation est régulièrement renégociée au sein de l'Unédic (Union nationale interprofessionnelle pour l'emploi dans l'industrie et le commerce) par les partenaires sociaux d'employeurs et de salariés. Depuis quelques années, un minimum de 507 heures de travail (ou 43 cachets) en 10 mois (10 mois et demi pour les techniciens) est requis pour que les artistes puissent bénéficier d'indemnités chômage (octroyées par le Pôle emploi spectacle) durant une durée maximale de 8 mois.

En revanche, en qualité d'employeurs, les tourneurs établissent pour chaque date un contrat d'engagement avec les différents artistes (et techniciens) attachés au spectacle. Il s'agit d'un contrat de travail nominatif (un par personne), rémunéré en cachets d'intermittent du spectacle (préalablement négociés par le manager) en échange d'une prestation scénique. Ce contrat fait l'objet d'un bulletin de paie et garantit aux artistes (et techniciens) d'être socialement couverts.

Entre tourneurs et diffuseurs

Les contrats sont indispensables entre les tourneurs et les diffuseurs de spectacles. Ils peuvent prendre plusieurs formes.

- **Le contrat de cession du droit d'exploitation d'un spectacle** : c'est le plus courant et le plus convoité par les tourneurs, car il s'agit d'un contrat de vente à prix fixe à un diffuseur (salle de spectacles, festival…), lequel se charge de l'organisation du concert (lieu, billetterie, accueil, sécurité, communication).

- **Le contrat de coréalisation** : souvent usité à Paris, il prend la forme d'un partage de billetterie nette (habituellement 50/50) entre le tourneur et la salle qui bénéficie fréquemment d'un minimum garanti (correspondant généralement à son prix de location).

- **Le contrat de location** : le tourneur produit le concert en l'organisant de A à Z (location du lieu, technique, logistique, communication, billetterie, cachets des artistes…), notamment dans les salles parisiennes et les Zéniths.

- **Le contrat de coproduction** : beaucoup plus rare, il s'agit d'une organisation conjointe d'un concert entre un tourneur et un diffuseur. Ils se partagent le financement du spectacle ainsi que les bénéfices ou les pertes à hauteur de leurs investissements respectifs.

- **Le contrat de prestation de services** : certains tourneurs délèguent tout ou partie de l'organisation d'une tournée à des promoteurs locaux qui ne travaillent que sur un territoire précis, et qu'ils maîtrisent donc parfaitement. Ils servent d'intermédiaires entre le tourneur et les diffuseurs de leur région en échange d'une commission préalablement définie.

La maison de disques, les partenaires de la musique enregistrée

Suite à une chute continue depuis le début des années 2000, le secteur de la musique enregistrée ayant perdu plus de la moitié de sa valeur, un premier rebond est apparu au niveau mondial en 2012. L'IFPI *(International Federation of the Phonographic Industry)*, qui représente quelque 1 400 structures à travers le monde, fait apparaître une croissance de 0,3 % des ventes mondiales pour un montant total de 12,62 milliards d'euros.

Le marché français semble suivre cette tendance depuis 2013 puisque le SNEP (Syndicat national de l'édition phonographique) annonce un chiffre d'affaires de 603,2 M€, en croissance de 2,3 %, du jamais vu depuis 12 ans ! Mais, plus surprenant, le marché physique a progressé plus rapidement que le marché numérique, avec une part de marché de 74,5 % contre 70 % en 2012. En effet, malgré le succès du streaming et notamment des formules d'abonnement (Deezer, Spotify…), les revenus liés au téléchargement ont baissé. Il est également à noter que dix-sept des vingt meilleures ventes de l'année sont des albums d'artistes francophones qui représentent 70 % des recettes du secteur (Stromae, Daft Punk, Maître Gims, Zaz, Indochine…).

Structuration du secteur : la chaîne du disque

Il existe une chaîne du disque « historique » constituée de trois étapes primordiales : la production discographique, l'édition phonographique et la distribution. La confusion entre ces trois métiers est évidente, car ils peuvent se cumuler.

Il faut notamment ne pas confondre label et maison de disques. Le terme « label » est un terme anglo-saxon qui signifie « étiquette ». Il s'agit de la marque servant à commercialiser les supports de musique enregistrée, qu'ils soient physiques ou numériques. Les grands labels sont surtout connus pour une cohérence artistique voire une esthétique commune, comme la Motown et la soul dans l'Amérique des années 1960, ou encore Geffen Records pour le rock et Def Jam Recording pour le rap. Ces marques ont une valeur forte pour le public et servent encore de prescripteurs dans le cas de « marchés de niche » (métal, musiques urbaines, musiques du monde)

Une maison de disques est quant à elle une structure plus importante, intégrant l'ensemble des activités du secteur (voir les trois étapes de la chaîne du disque ci-dessous) et possédant généralement plusieurs labels, notamment les Majors (Universal Music détient notamment Polydor, Mercury, Barclay, Universal Music Classics & Jazz…). Les labels peuvent donc être indépendants (Roy Music, Mr. Label, Another Record, Antipod Records…) ou appartenir à des maisons de disques, notamment aux Majors.

Le métier de directeur artistique (interview)

De nombreuses personnes qui ne connaissent pas notre métier considère souvent le directeur artistique comme une barrière, un obstacle, alors que bien au contraire mon rôle consiste à rendre possible le succès d'un disque, la réussite d'une carrière.

Ce que je fais en tant que directeur artistique est très divers, varié et assez différent en fonction des artistes. Un des aspects les plus visibles de mon travail est de chercher et surtout trouver des projets, des interprètes et des groupes dont le travail me semble intéressant, avec du potentiel (aussi bien artistique que commercial) et relativement défini pour leur proposer de signer pour mon label.

De concert avec les artistes, on se fixe un objectif, une direction artistique, ce qui passe tout aussi bien par le choix des chansons que de l'esthétique musicale ; on initie des rencontres avec des musiciens, des réalisateurs. Le choix du réalisateur est primordial car ce dernier aura une grande importance dans l'accomplissement du travail de l'artiste.

Certains auront besoin d'être très soutenus dans cette démarche alors que d'autres seront beaucoup plus autonomes. Pour les aider à avancer vers le but visé, je suis le garant de la direction artistique choisie en m'efforçant de garder un certain recul par rapport au travail effectué, pour m'assurer que la sauce prend bien entre interprètes, musiciens et réalisateurs, et pour leur permettre de faire preuve de spontanéité mais aussi de prendre un peu de distance à certains étapes du process créatif. À certains moments, cela demande un dialogue constant, d'évacuer les tensions, d'éviter les malentendus... Faire preuve d'un peu de psychologie nous aide souvent.

Je suis également impliqué dans le marketing, la promotion, le travail sur l'image. Pour qu'un album soit réussi, il faut anticiper tous ces aspects. Et, comme disent les Anglo-Saxons : « To present an "act", and not just a recording. »

Bien évidemment, je ne peux pas signer tous les interprètes que j'entends. Il faut que j'aie la conviction que c'est une absolue nécessité de les signer, et que leur projet trouvera une place cohérente par rapport au catalogue existant. Cela ne veut pas dire se limiter à un genre musical mais une ligne directrice doit se dessiner, quel que soit le genre. Ce métier offre chaque jour une nouvelle aventure, et de la musique... Toujours la musique...

Juan Tamayo, directeur artistique en label

La production discographique

Le producteur discographique, ou phonographique, est le partenaire professionnel qui produit et donc finance l'enregistrement de l'œuvre. « C'est celui qui a l'initiative et la responsabilité de la première fixation d'une séquence de son. » (article L 213-1 du Code de la propriété intellectuelle). En retour, il reste propriétaire des bandes, le fameux master, et touche des redevances sur chaque vente effectuée ainsi que les droits voisins correspondants.

Ce n'est, en revanche, pas forcément le producteur qui prend en charge la fabrication, la communication et la distribution des supports issus des enregistrements. Mais son « autorisation est requise avant toute forme de reproduction » (article L 214-1).

Le producteur discographique a donc trois rôles précis :

- la signature de l'artiste interprète (voir les contrat d'artistes dans la section « Les contrats de la musique enregistrée » page 158);

- le financement du master (soit l'enregistrement, le mixage et le mastering) ;

- le financement des éléments du livret (pochette, *artwork*).

L'édition phonographique

L'éditeur phonographique est le partenaire professionnel qui prend en charge la fabrication et la diffusion des supports. Il assure les frais de promotion (gérée par les attachés de presse) et de marketing (géré par les chefs de projets) liés à l'arrivée sur le marché du produit. C'est cette étape qui se rapproche de la notion de label.

L'éditeur phonographique, qui reçoit un pourcentage des recettes par le distributeur (s'il n'est pas lui-même le distributeur), reverse des redevances au producteur phonographique qui rémunère l'interprète. Il n'a aucun droit sur le master, le producteur lui cédant l'exploitation pour un territoire et une durée déterminée. C'est l'éditeur phonographique qui prend à sa charge le règlement de la SDRM. Il est donc propriétaire du stock fabriqué, mais pas des enregistrements.

L'éditeur phonographique a donc trois rôles précis :

- le financement de la fabrication ;

- la promotion (relations presse) ;

- le marketing (publicité, *buzz marketing*, *street marketing*…).

La distribution

Dans le cadre de la distribution physique, le distributeur est le partenaire professionnel de l'artiste qui met à disposition du public un phonogramme. Il rassemble et stocke les produits afin de les envoyer à un ou plusieurs points de vente. Il assure la promotion sur les lieux de vente, soit à travers des publicités (PLV), des actions de *promo shop* (comme la négociation de bornes d'écoute en magasins) ou encore d'événements (comme l'organisation de *showcases*).

Le distributeur a cinq rôles précis :

- la vente des supports aux points de vente (BtoB) ;
- la communication sur les points de vente (PLV, *promo shop*, *showcases*) ;
- le stockage ;
- la mise en place, le réassort ;
- la gestion des retours.

Le distributeur sélectionne des produits musicaux prêts à entrer dans un circuit de vente en les intégrant à un catalogue. C'est le contrat de distribution signé entre l'éditeur phonographique et le distributeur qui détermine le prix d'achat (le PGHT, prix de gros hors taxes d'un disque), l'échelonnement des livraisons et des paiements et, enfin, l'ensemble des territoires concédés.

La mission première du distributeur physique consiste à se charger de la mise en vente du phonogramme. Pour cela, le distributeur construit une fiche d'identité du produit : le bon de précommande (BDP) à partir des informations fournies par le label.

Le bon de précommande détaille (voir page suivante) :

- le prix de gros hors taxes (PGHT), auquel les points de vente vont acheter les supports ;
- l'*artwork* ;
- le *tracklisting* (l'ordre des titres sur le phonogramme) ;
- la référence du phonogramme ;
- les partenariats marketing ;
- le média planning ;
- les dates de concert.

Une fois le bon de précommande rédigé, le distributeur présente le projet aux directions de ventes des enseignes (les grandes surfaces spécialisées comme la Fnac, les grandes surfaces alimentaires comme Auchan, les disquaires indépendants...) pour essayer de faire valider une possible mise en avant du produit. Ensuite, les commerciaux du distributeur présentent le phonogramme aux responsables des achats des enseignes, via le BDP, pour en obtenir une mise en place plus ou moins importante en rayons.

Une fois cette étape accomplie, le distributeur fait parvenir le produit aux différentes enseignes qui l'ont commandé. La mise à jour du produit

Exemple de bon de précommande.

MVS DISTRIBUTION

EL FASSA
NO BLACK NO WHITE JUST VOODOO

PC790
Référence : NBNWJV13
Code Prix : ANT102
SORTIE LE 18 NOVEMBRE 2013

Yvan Talbot - percussions, bolons, programmation
A collaboré avec de grands musiciens de la musique mandingue (Bassi Kouyaté, Koungbanan Condé, Ramata "Dédé" Kouyaté) et compose pour la danse afro-contemporaine (Elsa Wolliaston, Merlin Nyakam, Irène Tassembendo...), pour la danse Hip Hop (Cie Malka, Cie Révolution, Cie Chute Libre) et la danse contemporaine (Cie Julie Dossavi).
Sébastien Fauqué se forme auprès de maestros de la musique afro-caribéenne et latine à la Havane et se produit aux côtés de Boris Caicedo et de chanteurs latino-américains (Willie Colon, Jerry Rivera, Tony Vega, Papy Sanchez, Juanes, Roberto Blades...).
Sébastien Fauqué - percussions latines
Il se forme aux côtés de maestros de la musique afro-caribéenne et latine, il passe par le conservatoire où il étudie les percussions classiques avec Franck Tortillier (ONJ), puis s'envole pour la Havane. Il y étudie les congas, les bongos et les timbales à l'Institut Supérieur des Arts de Cuba. Il travaille aux côtés d'orchestres et de compagnies de danse, en France et en Colombie, accompagne, avec Boris Caicedo, des chanteurs latino-américains (Willie Colon, Jerry rivera, Tony Vega, Papy Sanchez, Juanes, Roberto Blades...) et se produit sur les scènes internationales. En parallèle, il multiplie les rencontres musicales et s'ouvre à d'autres styles musicaux (jazz, musique Baroque, musique éléctronique, chanson..).
Olivier Oliver - synthétiseurs
Après des études musicales et une formation en arrangement et piano jazz au CIM à Paris auprès d'Yvan Julien et Laurent Cugny, il se produit sur scène (Francofolies de la Rochelle, Festival Musiques Métisses, Musicales de Bastia, la NEF, New Morning, La Java, Sunset, Petit Journal Montparnasse) auprès de nombreux groupes (Up To Date, latin jazz fusion, Sandunga Latina, salsa et Don Diego qu'il a fondé)... et travaille avec Idy Oulo (Cameroun), participe à l'enregistrement de son album. Il accompagne Ronnie Caryl (pop/rock - guitariste de Phil collins) et intègre le Rollin's Band Orchestra dirigé par Stéphane Rollin (jazz fusion) et le groupe ML5* (jazz hardbop). Il réalise des illustrations sonores pour le théâtre et compose pour la danse contemporaine (Compagnie Julie Dossavi Cross & Share et Grand Bal Dossavien) et la danse Hip Hop (Compagnie Etre Ange).

//PARTENARIAT
Fip

Africolor : album offert

//PROMOTION
• Radio
France Inter Pont des Artistes / Addiction / l'Afrique enchantée
Radio Nova : chronique Rémi Kolpa Kopoul
• Presse
Chroniques : Mondomix, Longueur d'ondes, Africultures

PARTENARIATS & MARKETING 

PROMOTION 

CONCERTS
30/11/2013 : Festival Africolor - Espace V - VILLEPINTE (93)
03/04/2014 : Salle Guy Vinet - Espace Salvador Allende - Palaiseau (91)

MVS Distribution - Anticraft • COMMANDES • **tél : 0820 208 501** (0.09€ TTC / mn) • fax : 09 70 63 10 68 • anticraft.televente@mvs.fr

---

MVS distribution   présente :

EL FASSA
NO BLACK NO WHITE JUST VOODOO
SORTIE LE 18 NOVEMBRE 2013

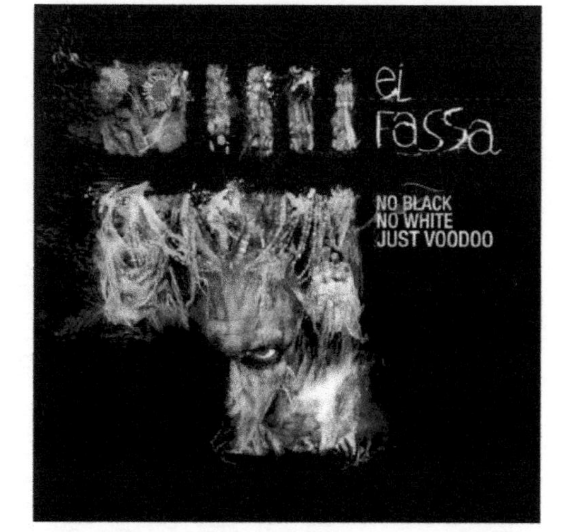

Grand mix savoureux entre les plus envoûtants rythmes de la world music relevés d'une bonne rasade d'électro.

◀ www.elfassa.com ▶

EL FASSA	**CD Digipack**		**Electro**
NO BLACK NO WHITE JUST VOODOO			
KUSMA	Début de PC le 30/09/2013		PC790
	Fin de PC le 07/11/2013		Référence : NBNWJV13
	SORTIE LE 18/11/2013		Code Prix : ANT102
			Tarif : 10€20 HT

MVS DISTRIBUTION

DIRECTION COMMERCIALE
tél : 01 42 52 77 51
anticraft.dircom@mvs.fr

COMMANDES
tél : 0820 208 501 (0.09€ TTC / mn)
fax : 09 70 63 10 68
anticraft.televente@mvs.fr

3760148288902

MVS Distribution - Anticraft • Siège social, comptabilité : 395 chemin de la Cartonnerie - Ste Marguerite - BP294 - 88108 SAINT DIE cedex • tél : 03.29.56.19.42 • fax : 03.29.51.30.98

est ensuite assurée par des télévendeurs qui transmettent aux différents points de vente les informations concernant les avancées du projet, les actualités ou les opérations spéciales à mettre en place.

Par exemple, lorsqu'un artiste est en tournée proche d'un point de vente, le rôle du distributeur est aussi d'en avertir l'enseigne afin qu'elle puisse mettre en place, si elle le souhaite, une opération spéciale.

Une fois le disque sorti, le distributeur fournit les *reportings* (des rapports) des ventes, jusqu'à la fin du cycle de vie du phonogramme. Se met alors en place la phase des retours : les disques invendus (avec l'obligation de les racheter aux points de vente) quittent les bacs des enseignes et sont soit renvoyés au distributeur, soit détruits.

Avantages et limites d'une distribution physique

Pour un label ou un artiste indépendant, travailler avec un distributeur physique offre encore de nombreux avantages, car celui-ci :

- oblige le producteur à une réelle rigueur dans la mise en place du process d'industrialisation ;
- établit un reporting précis sur la situation commerciale du projet ;
- donne une réelle valorisation aux phonogrammes présents en magasin et permet au projet de vivre une expérience réellement professionnelle autour des grands axes que sont la fabrication, la promotion et la scène ;
- ouvre la possibilité d'obtenir des subventions, notamment d'organismes professionnels et publics (voir la section « Les financements », au chapitre 1) ;
- est le dernier marqueur professionnel de l'industrie.

Cependant, cela ne va pas sans certaines limites :

- l'opération de distribution est de moins en moins rentable pour les producteurs ;
- la plupart des distributeurs ne peuvent couvrir souvent qu'un territoire d'exploitation (ou pays) à la fois ;
- le process est long à mettre en place, de la signature du contrat à la gestion des retours, et peut s'avérer une usine à gaz pour des labels encore jeunes et inexpérimentés.

La distribution numérique. Pour reprendre la typologie de la distribution numérique, vous pouvez vous reporter à la section « L'autodistribution » au chapitre 1. Il est intéressant de noter que certains distributeurs, notamment les Majors, gèrent à la fois la distribution physique et la distribution numérique.

Typologie des acteurs de la musique enregistrée

Il existe quatre types de structures que l'on distingue en fonction de leur(s) champ(s) d'action :

- **les producteurs indépendants** (qui réalisent une seule étape de la chaîne du disque : la production discographique) ;

- **les labels indépendants** (qui réalisent deux étapes de la chaîne du disque : la production et l'édition phonographique) ;

- **les maisons de disques** : Majors et « majorettes » (qui réalisent les trois étapes intégrées de la chaîne du disque) ;

- **Les distributeurs indépendants**, de moins en moins nombreux suite à la crise du disque (L'autre distribution, Socadisc Distribution…).

On distingue communément les trois Majors du disque des labels indépendants (environ 600 en France). Elles présentent trois différences majeures :

- les Majors appartiennent à des multinationales : Universal Music appartient à Vivendi, Sony Music Entertainment à Sony Corporation et Warner Music à Access Industries, un fonds d'investissement ;

- les Majors contrôlent toute la chaîne du disque, alors que les labels indépendants ne disposent pas d'une structure intégrée de distribution (sauf les « majorettes », d'où leur nom : Wagram Music, Naïve, Because Music, PIAS). Nombre de labels indépendants sont donc distribués par les Majors (Roy Music par Universal…) et d'autres par des distributeurs indépendants ;

- l'offre : les Majors peuvent travailler dans tous les styles de musique (car plusieurs labels) mais se concentrent essentiellement sur des projets grand public, optimisant un retour sur investissement à court ou moyen terme (on parle plus de « développement de carrière » dans les labels indépendants).

Les contrats de la musique enregistrée

Il existe trois contrats dans le secteur de la musique enregistrée : le contrat d'artiste, le contrat de licence et le contrat de distribution. Ils sont régis par la loi des contrats (article 1102 et suivants du Code civil) et modelés par les usages en vigueur dans la profession.

À noter

Les trois Majors du disque se partagent 70 % du marché de la musique enregistrée pour « seulement » 30 % de la production (c'est donc l'inverse pour les labels indépendants).

Le contrat d'artiste

Le contrat d'artiste (ou d'enregistrement exclusif) lie l'artiste interprète au producteur discographique. Le producteur a en France l'obligation de rémunérer l'interprète au cours de l'enregistrement (ce qui se fait de plus en plus rarement…). Le contrat fixe le montant des royalties touchées par l'artiste – de 6 à plus de 20 % du prix de gros hors taxes de chaque exemplaire vendu, selon la notoriété de l'artiste (10 % en moyenne). Le cas échéant, une avance sur cet intéressement peut être versée au moment de la signature, ce qui est de moins en moins courant de par la crise du disque… Le producteur reste propriétaire des bandes. L'artiste cède au producteur l'entière propriété de ses enregistrements et de ses exploitations, sous réserve de son accord.

Dans tous les cas, ce contrat :

- est exclusif ;
- dure de 3 à 7 ans ;
- comporte la notion de territorialité ;
- indique le nombre d'albums liés au contrat, c'est-à-dire le nombre d'albums pour lequel l'artiste s'engage avec le producteur (avec des levées d'option en fonction de la réussite commerciale de l'album précédent) ;
- traite des royalties (taux, paliers, abattements…) ;
- fixe une clause de préférence (en cas de reconduction du contrat) ;
- fixe le budget global (enregistrement, promotion, marketing, tour support), cette clause étant optionnelle mais fortement conseillée pour les artistes.

Le contrat de licence

Le contrat de licence (ou de concession du droit d'exploitation des enregistrements) lie le producteur discographique à l'éditeur phonographique, celui par lequel le producteur lui confie l'exploitation du master. Ce contrat stipule les territoires d'exploitation du phonogramme ainsi que sa durée, qui est généralement comprise entre 3 et 5 ans. Il fixe aussi la rémunération de chacun (environ 20 % du PGHT pour le producteur et 30 % pour l'éditeur phonographique). Le licencié a l'exclusivité des droits d'exploitation concédés et a la charge du paiement des droits de reproduction mécanique à la SDRM/Sacem.

Le contrat peut porter sur un seul enregistrement ou plusieurs du même artiste, ou encore sur l'ensemble du catalogue du producteur dans le cadre d'un accord plus global (le *label deal*). Des avances récupérables sont couramment pratiquées mais ne sont pas une obligation pour le licencié.

Le contrat de distribution

Le contrat de distribution lie l'éditeur phonographique au distributeur afin d'assurer la distribution commerciale d'un disque (concession du droit de commercialisation des supports). Cet éditeur peut être aussi un producteur qui a décidé d'assumer la fabrication et la communication intégrales du disque. Le distributeur met donc dans les circuits de vente un produit manufacturé prenant une marge sur le prix de gros hors taxes (40 % en moyenne).

À noter

Un label peut avoir plusieurs distributeurs en fonction des orientations artistiques de ses projets.

Le contrat, d'une durée moyenne de 3 ans, détermine, entre autres, le prix de gros hors taxes (PGHT), la date de sortie, la date de ou des livraisons, leurs possibles échelonnements, les conditions de paiement et de retour et, enfin, le ou les territoires concédés.

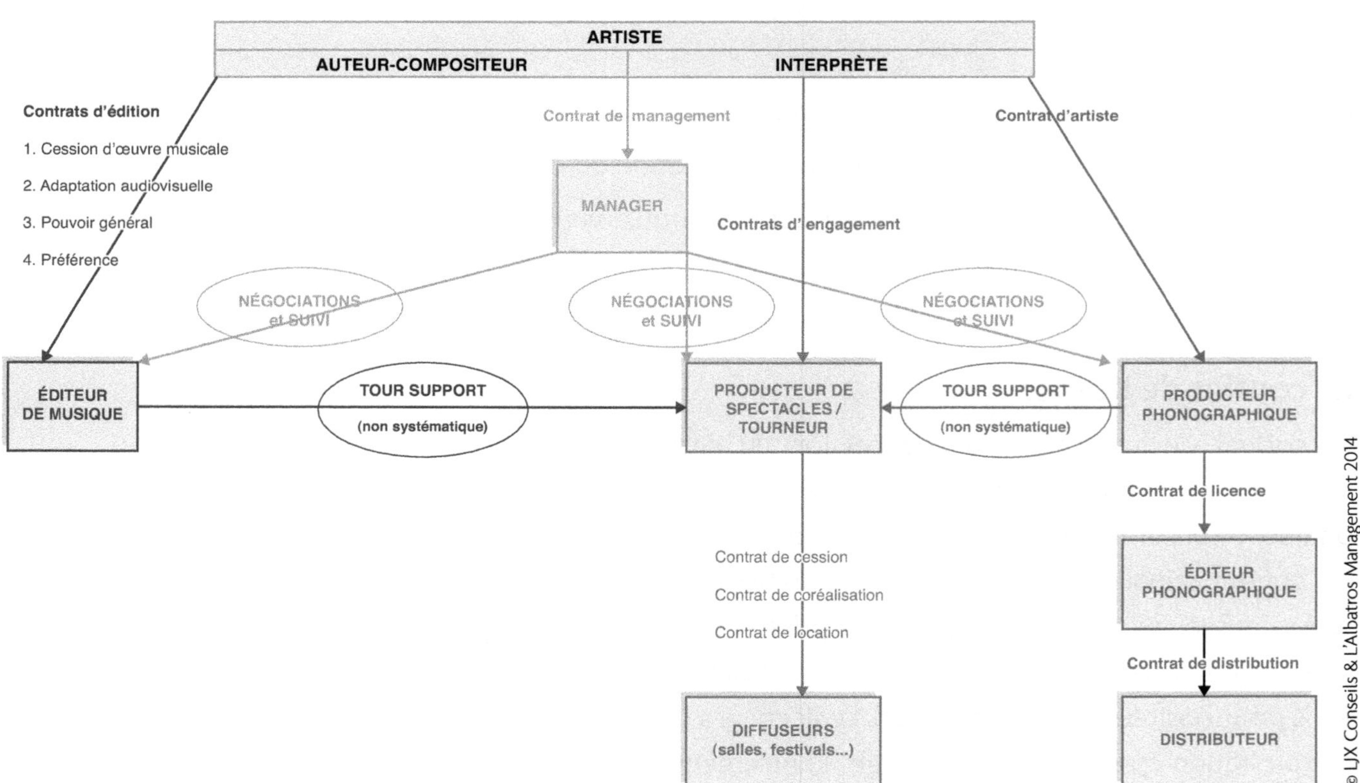

Synthèse des relations et contrats entre artiste et partenaires professionnels.

Récapitulatif des rémunérations des artistes et partenaires professionnels.

Artiste	Maison de disques
Artiste interprète : • redevances/royalties (vente de musique enregistrée) • droits voisins (diffusion de musique enregistrée) • cachets (scène, enregistrements) • % sur vente de produits dérivés • sponsoring, *brand content*… Auteur-compositeur (-arrangeur) : • droits d'auteur • redevances forfaitaires sur synchronisation *(flat fee)* • redevances sur vente de partitions	Producteur phonographique : • % sur vente de musique enregistrée • droits voisins Éditeur phonographique : • % sur vente de musique enregistrée • droits voisins Distributeur : • % sur vente de musique enregistrée
Éditeur de musique	**Tourneur**
Droits d'auteur Redevances forfaitaires sur synchronisation *(flat fee)* Redevances sur vente de partitions	Vente de spectacles (contrats de cession) Recettes de billetterie (production de spectacles) Tour supports (maison de disques et/ou éditeur)
Manager	
% sur rémunérations brutes de l'artiste	

Le crédit d'impôt en faveur de la production phonographique

Un crédit d'impôt en faveur de la production phonographique et de la production de clips a été adopté dans le cadre de la loi du 1er août 2006. Il concerne toutes les entreprises assujetties à l'IS et existant depuis au moins trois ans ; il offre 20 % des dépenses éligibles dans la limite de 500 K€ par année d'activité et par société ne produisant que des nouveaux talents francophones et/ou des artistes interprètes ou compositeurs de musiques instrumentales européens.

L'attaché de presse

L'attaché de presse, autrement appelé « conseiller en relations presse » ou « publiciste » pour le marché anglo-saxon, est le porte-parole d'un projet ou d'un artiste auprès des médias (TV, presse écrite, radio et médias *on line*). Son rôle principal est de faire connaître une sortie de disque, un événement, une personnalité, une tournée… Ses domaines d'intervention n'ont d'exhaustivité que ses capacités ! Acteur indispensable d'un projet bien construit, il est le point central de l'organisation et oriente la diffusion de l'information auprès du ou des publics ciblés à travers la presse.

Véritable bras armé de l'artiste en promotion, son seul mot d'ordre est de convaincre les journalistes de s'intéresser à son sujet et de relayer l'information dans leur média. Il est en quelque sorte le faire-valoir des projets qu'il défend. Il est aussi et surtout le dénominateur commun à tous les différents acteurs professionnels évoqués en amont, pouvant travailler avec chacun d'entre eux ou directement avec l'artiste.

Il s'agit souvent d'un prestataire de services auquel les artistes font appel soit en cas de manque de service presse dans leur label ou chez leur tourneur, soit en renforcement de ces derniers. Nous le considérons ainsi comme un partenaire dans une vision anglo-saxonne du développement nécessaire de la notoriété des artistes.

Les missions de l'attaché de presse

Poste stratégique de la chaîne de promotion et de développement d'un artiste, l'attaché de presse se doit de connaître parfaitement les projets dont il est en charge ainsi que les cibles à qui il adresse le message. Il travaille aussi bien en étroite collaboration avec le label (ou en interne), qui compte sur son action pour organiser la médiatisation autour de la sortie commerciale du projet, qu'avec le tourneur, pour appuyer la notoriété et la visibilité du projet musical lors de tournées.

L'attaché de presse est l'expert des médias, spécialiste de la cohérence du contenu à véhiculer. Il est le rédacteur privilégié des messages à diffuser, et il est celui qui analyse, transcrit, retranscrit et digère l'information donnée pour la diffuser aux médias. Il établit le média planning dont l'action consiste à choisir, dans le cadre d'une campagne de communication, les médias et supports devant être utilisés, les moments de diffusion et le calendrier global de campagne.

L'attaché de presse rédige les communiqués et dossiers de presse, organise les conférences, les voyages de presse et les rencontres avec les médias... Il veille au bon déroulement de chaque manifestation qu'il organise. À lui de mettre en œuvre toute sa créativité et d'adapter son discours à chacune de ses interventions pour séduire les journalistes, les programmateurs des médias audiovisuels (radios et TV) et faire ainsi passer la « divine parole ».

Quotidiennement, il épluche les médias (TV, radio, presse écrite, fil AFP, blogs, webradios...) à la recherche de retombées médiatiques de ses différentes campagnes, dont il élabore une revue de presse régulière par la suite diffusée à son client. Une part importante (et capitale) de son travail réside en la constitution d'un fichier de journalistes et programmateurs qu'il doit entretenir, faire vivre, mettre à jour et développer régulièrement. C'est en effet grâce à des relations savamment entretenues qu'il saura ouvrir de nombreuses portes et bénéficier d'opportunités. C'est au fameux carnet d'adresses que l'on reconnaît les seniors et les stars de ce métier. Sa mission est souvent élargie aux relations publiques, voire au sponsoring...

Le rôle de l'attaché de presse

En résumé, l'attaché de presse doit :

- faire connaître son projet, transmettre et faire circuler un maximum d'informations par les médias divers (dont l'attaché de presse doit pouvoir évaluer l'impact) ;
- gérer la politique de communication du projet ;
- réaliser les communiqués et dossiers de presse et entraîner l'artiste dans sa relation au média (le *médiatraining*) ;
- suivre le développement du projet ;
- analyser les retombées médiatiques.

Les différents types d'attachés de presse

Nous avons recensé plusieurs sortes d'attachés de presse susceptibles de travailler pour un projet musical. Les tarifs pratiqués sont fonction du projet à défendre (mission courte, sortie d'EP ou d'album, promotion d'une tournée...), de l'expérience de l'attaché de presse et de la structure à laquelle il est rattaché.

La réussite de son travail dépend bien sûr de lui mais aussi, ne l'oublions pas, du projet qu'il défend et qu'il tentera de valoriser par ses actions. L'attaché de presse est un véritable outil de faire-valoir du projet. La véritable perle à trouver étant celui qui travaillera le projet comme si c'était le sien...

L'attaché de presse en label

L'attaché de presse, dans ce cas précis, est rémunéré en tant que salarié par le label (Major, label indépendant...). Il prend en charge des dizaines (parfois plus) de sorties hétéroclites (du gros budget à portée commerciale importante à l'artiste en développement...). Son rôle consiste donc à promouvoir l'ensemble du catalogue d'artistes du label mais il ne peut, pour des questions évidentes de temps, présenter les disques un à un aux médias ciblés.

La qualité de son travail dépend en partie du nombre de projets qu'il lui faut défendre. Son travail peut être complété, pour plus d'efficacité et de résultats, par celui d'une agence ou d'un attaché de presse indépendant.

L'agence de presse

L'agence de presse est une structure indépendante qui met son savoir-faire au service d'un projet et/ou d'un événement. Elle dispose généralement d'un bon fichier presse (contacts journalistes) adapté avec plus ou moins de pertinence (selon sa ou ses spécialités) à votre demande et à votre secteur d'activité.

Il est important de vérifier que l'attaché de presse détaché par ce type de structure ne soit pas néophyte dans le monde de la musique. En effet, il ne suffit en aucune façon de « balancer » un communiqué de presse à un certain nombre de journalistes ! Les relations que l'agence entretient avec la presse spécialisée et les rubriques culture des médias plus généralistes seront primordiales.

Exemples : Music Media Consulting, France International Promotion qui traitent autant avec des artistes en direct que des labels.

Le rôle de l'agence de presse

En résumé, les agences de presse proposent le plus souvent :

- la stratégie globale (hors achat d'espace pub) ;
- l'adaptation du fichier de presse à vos besoins ;
- la rédaction de communiqués et du dossier de presse ;
- les relances des journalistes ;
- l'organisation d'interviews ;
- l'organisation d'événements presse (selon budget) ;
- la fameuse revue de presse.

L'attaché de presse indépendant

L'attaché de presse indépendant propose globalement les mêmes services qu'une agence de presse mais il s'est souvent spécialisé dans un secteur particulier. Il est en quelque sorte le « publiciste » du projet dont il a la charge : il est à la fois attaché de presse, conseiller en image, entremetteur (il peut mettre en relation son client avec des professionnels du métier dont il connaît les qualités : photo, vidéo clip, mastering, etc.)… Il est donc expert pour vendre au mieux votre projet aux prescripteurs (médias et hors médias). Cependant, une véritable relation humaine est nécessaire entre l'artiste et l'attaché de presse indépendant. Il faut qu'il soit séduit par tout ou partie du projet qu'il doit défendre.

Généralement, l'attaché de presse indépendant travaille en confiance et main dans la main avec son commanditaire, ce qui implique une plus grande disponibilité de part et d'autre. Il possède son propre fichier de journalistes qu'il sollicite régulièrement pour proposer les artistes qu'il défend, ce qui lui confère un taux de réussite de placement de projets plus important.

Chapitre 5

Vers un nouveau business modèle ?

La filière musicale connaît depuis plus de dix ans une profonde mutation, la crise du disque en étant le symbole le plus visible.

Le chiffre d'affaires du secteur de la musique enregistrée ayant été divisé par deux depuis le début des années 2000, les labels et maisons de disques traversent une période tumultueuse jonchée de conséquences non négligeables : chute des signatures de nouveaux talents (même si elles semblent reprendre depuis deux ou trois ans), licenciements de personnel chez les Majors, dépôts de bilan de nombre de labels et distributeurs indépendants...

Le milieu musical est donc à la recherche de nouvelles solutions afin de réussir sa mutation, notamment par :

- le soutien des pouvoirs publics : loi Hadopi (suite au rapport Lescure, le dispositif pourrait être intégré au Conseil supérieur de l'audiovisuel dans quelque temps...), lobbying au sein de l'Union européenne (protection et extension des droits...), aides aux industries créatives et culturelles comme le crédit d'impôt pour les labels (voir l'encart dédié à la fin de la section « La maison de disques, les partenaires de la musique enregistrée », page 161) ;

- le développement des partenariats avec les nouvelles technologies, notamment avec les sites de streaming (Deezer, Spotify...) qui portent actuellement le marché numérique (succès des formules d'abonnement...) ;

- la restructuration du secteur avec notamment la diversification des activités, autrement appelée stratégie « à 360° » (mutation des maisons de disques en maisons de musique), dont le *brand content* semble être un élément central.

Les stratégies à 360°

Face à la crise du disque, la filière musicale tente d'apporter des solutions. Pour cela, les professionnels de la musique, et plus particulièrement les labels, développent de plus en plus des stratégies dites « à 360° », soit une diversification maximale des activités pour multiplier les sources de revenus directes et indirectes. Ce terme à la mode est devenu un leitmotiv pour les professionnels de la musique. Ces contrats à droits multiples devraient permettre le rebond tant attendu de l'industrie musicale dont l'assise financière est devenue si fragile.

Le saviez-vous ?

- EMI a été la première Major à signer ce genre de contrat à 360° en 2002 : 150 millions de dollars pour 5 ans, avec Robbie Williams.
- 60 % des artistes de Warner Music bénéficient d'un contrat à 360°.
- Ce marché pèse selon Pascal Nègre (PDG d'Universal) plus d'un milliard de dollars.
- C'est Live Nation qui a relancé et amplifié ce phénomène depuis une dizaine d'années en signant les plus gros contrats de l'histoire de la musique (Madonna, Jay-Z, Lady Gaga, One Direction...).

Le contexte

La fixation de l'œuvre sur un support phonographique ou audiovisuel reste le socle de développement d'un artiste, qu'il faut équilibrer avec une stratégie de diversification verticale en proposant de nouveaux produits à de nouveaux clients possibles. « Atteindre les cent mille ventes sur un album aujourd'hui nécessite des investissements 30 à 40 % supérieurs à ceux d'il y a quelques années. Il nous a fallu trouver des moyens », constate Thierry Chassagne, patron de Warner Music Groupe. En effet, si les ventes ont baissé depuis le début des années 2000, les coûts de production, eux, sont restés stables et ceux liés à la communication ont bondi !

Lointaine est l'époque où la production phonographique suffisait à financer l'industrie musicale. Depuis la moitié des années 2000, la filière musicale a mué vers une stratégie de diversification latérale. Les Majors se sont notamment lancées dans l'acquisition d'entreprises de spectacles (comme Nous Productions par Warner Music en 2010, Arachnée Concerts par Sony Music en 2008) ou de salles de spectacles (comme l'Olympia et le Sentier des Halles par Universal Music), mais aussi dans l'achat d'éditions ou la création de structures de management intégrées (comme Universal Music avec l'Olympia Agency). Les indépendants, et notamment les majorettes, ont fait de même, comme Wagram Music avec Tôt ou tard Éditions, Because Group avec le tourneur Corida (et donc la gestion de La Cigale...) ou le label Atmosphériques avec sa structure de spectacles Atmo Live.

Le concept

Le concept même de stratégie dite « à 360° » n'est pas réellement novateur. Il a couramment été utilisé, testé et mis en place dans les années 1960-1970 par des labels indépendants. Par exemple, certains producteurs, comme Dreyfus et la Motown, pratiquaient déjà cette stratégie dans les années 1970 en organisant les concerts de leurs propres artistes, ce qui leur permettait d'avoir une vision globale des coûts d'investissement et des recettes, autrement dit de leur possible retour sur investissement (ROI).

Ce concept de 360° est d'une complexité toute relative puisqu'il implique le contrôle total ou partiel, et donc « plus global », de l'ensemble de la chaîne de production et de diffusion. Cela signifie que le label peut également prendre en charge des activités traditionnellement dévolues à d'autres professionnels (scène, édition, management...). En d'autres termes, le 360° représente l'ouverture, pour un label ou un producteur, permettant d'investir dans les secteurs complémentaires à son activité principale, afin de diversifier ses revenus et s'assurer une rentabilité. Il s'agit donc de produire, bien sûr, mais aussi d'éditer, de manager, de fabriquer les produits dérivés de *merchandising*, d'organiser les tournées, voire d'acheter des salles de concerts pour recevoir ses artistes...

De la production musicale pure au *merchandising*, un nombre croissant de structures exploite donc désormais, de manière transversale et circulaire, tout ou partie de la carrière de leurs artistes.

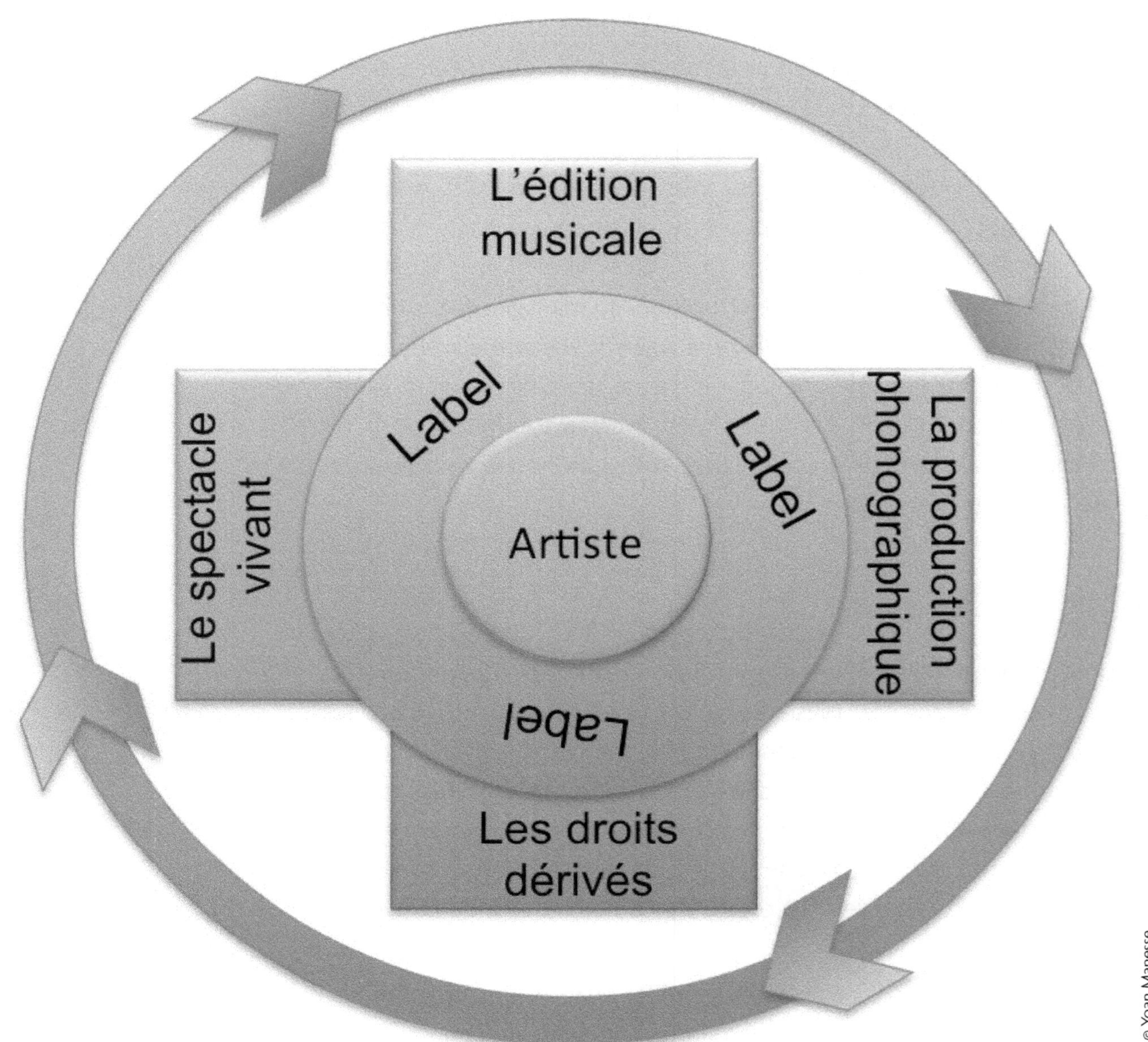

Le 360° dans l'industrie musicale, une construction autour de l'artiste.

Les quatre grands domaines d'activité des stratégies à 360°, plus ou moins intégrées selon les structures, sont donc :

- la production phonographique (stratégie à 90°, dite « traditionnelle ») ;

- + les droits dérivés *(merchandising)* et le sponsoring/*endorsement* (= stratégie à 180°) ;

- + l'édition musicale (= stratégie à 270°) ;

- + le spectacle vivant (= stratégie à 360°).

Chacun de ces domaines correspond à des sources de revenus bien distinctes et spécifiques en fonction du genre et du territoire d'exploitation du projet.

En pratique

Pour le producteur

Les avantages du 360° pour le producteur sont importants. Cette stratégie mise en place induit une cohérence globale du projet de l'artiste avec une visibilité à court, moyen et long terme. Par ailleurs, cela permet au label ou au producteur de pouvoir développer de nouvelles sources de revenus via différents canaux (développement des droits liés à l'exploitation publicitaire des titres, scène, etc.). Les difficultés sont néanmoins importantes et demandent au label un « biberonnage » complet de l'artiste. Pour cela, il est nécessaire de bénéficier d'équipes en nombre suffisant capables de s'adapter au changement en plus de moyens financiers conséquents.

Pour l'artiste

La mise en place du 360° par un label implique l'acceptation de l'artiste à ne miser plus que sur une seule structure de réalisation et de développement. Le parallélisme possible avec un artiste autoproduit est réel. L'artiste faisant le choix, par dépit ou par activisme, de se développer seul sera confronté aux bases du 360° : (l'auto)production, (l'auto)promotion, (l'auto)distribution et (l'auto)édition !

Fonctionner en 360° avec un label ou un producteur signifie avant tout faire confiance, car l'artiste aura dans ce cas « tous ses œufs dans le même panier ». N'avoir plus qu'un interlocuteur facilitera, théoriquement, la communication avec celui qui devra, contractuellement, tout mettre en place pour développer le projet de l'artiste. Ce peut être la difficulté majeure en cas de désaccord (artistique ou financier) avec le label.

Pour le consommateur

On en parle peu mais le « nerf de la guerre » est le consommateur final, du fan en passant par l'adepte de musique. Il est paradoxalement plus considéré aujourd'hui qu'autrefois. Les labels s'interrogent sur la cohérence du produit avec l'époque, et définissent un cœur de cible prioritaire.

En conclusion

Le projet de l'artiste forme un tout où la dimension artistique et la stratégie s'imbriquent parfaitement.

Hypothétiquement, le consommateur de l'un des canaux sera, à terme, consommateur de l'ensemble du maillage mis en place. Que ce soit directement, par le *merchandising*, ou indirectement, par le sponsoring et le partenariat que l'artiste a conclu avec telle ou telle marque (voir la section « Focus sur le *brand content* musical », ci-après).

Le label permet parfois même au consommateur de vivre des expériences sensorielles autres : nouvelles fragrances signées Madonna ou Lady Gaga, concerts en appartement ou à la laverie automatique...

Les contrats

Il est important de dissocier les deux conceptions du 360° :

- l'une est active, c'est-à-dire relative aux contrats qui ont pour but principal de « faire » ;
- l'autre passive et concerne les contrats qui ont pour but de « prendre ».

Pour le contrat dit « actif », le développeur de l'artiste (producteur, label, etc.) assume la totalité des rôles (producteur phonographique, éditeur, tourneur, etc.) et perçoit donc plusieurs types de rémunérations pour l'ensemble des actions mises en place. Le contrat n'est souvent conclu qu'entre l'artiste et une seule et même société qui regroupe tous les métiers. Ce contrat lie les deux signataires pour une certaine durée et l'artiste cède, le plus souvent, l'exclusivité de ses droits. Warner Music, par exemple, contractualise aujourd'hui avec ses artistes des contrats pour la plupart en 360° actif.

Le contrat dit « passif » implique une cession, de la part de l'artiste, d'une partie de ses revenus assurés par d'autres sociétés (*merchandising*, concert, etc.) en contrepartie d'une avance. Par exemple, EMI et Robbie Williams en 2002 ont conclu ce type de contrat à 360° passif.

Il est bien entendu que le type de contrat signé entre les deux parties dépend de la disponibilité contractuelle de l'artiste et de son état de développement. Un artiste prudent préférera multiplier ses partenaires professionnels. Il s'agira dans ce cas pour la structure, véritable holding musicale, de réaliser des contrats spécifiques, structure par structure, sur les modèles existants, secteur par secteur.

Concernant les droits dérivés, cette notion est devenue, pour le label autant que pour l'artiste, une source de revenus considérables. *Merchandising* et/ou sponsoring sont deux étapes de développement qui deviennent, comme pour le monde sportif, un possible seuil de rentabilité.

Témoignage sur le 360°

Le 360° ainsi que le développement à l'international sont devenus des pierres angulaires pour tout manager qui souhaite offrir une certaine pérennité à ses artistes. La nature des revenus de l'artiste a complètement basculé et a de moins en moins à voir avec le modèle économique traditionnel basé sur les ventes de disques. Il est donc devenu crucial de renforcer des revenus autrefois considérés comme auxiliaires mais qui deviennent principaux compte tenu de la nouvelle donne économique.

Marché du *single* et marché de l'album

À mon sens, le marché du *single* a déjà disparu dans beaucoup de pays à cause de la progression des ventes numériques de l'industrie du disque. Le rôle de ce format est devenu majoritairement promotionnel pour les radios et les compilations. Du point de vue du manager, c'est un produit d'appel pour accéder à l'univers 360° de l'artiste. Cependant, je le considère plutôt comme un outil promo, au même titre qu'un clip vidéo ou un EPK *(electronic press kit)*.

Dans le cas où le *single* est joué en radio et en clubs (top 40), les revenus éditoriaux et les droits type Music Exchange peuvent éventuellement jouer mais seulement entre un an et un an et demi après l'impact initial sur le marché – ce qui est très long.

L'album se vend assez bien en format physique (entre 60 et 80 % de parts de marché selon les pays). Il fonctionne mieux quand il fait partie de propositions *entertainment*, c'est-à-dire quand il est « cerné » par du 360°, dans un cercle vertueux, avec d'autres produits liés à l'artiste. Proposé seul en magasin, il se révèle trop vulnérable face aux jeux, au textile, à la téléphonie avec un coût trop élevé.

Les ventes d'albums numériques sont en progression depuis des années mais elles ne sont significatives que pour des artistes à forte notoriété et en général sur des marchés habitués à ces nouvelles stratégies (États-Unis, Corée du Sud…). Les ventes digitales d'albums fonctionnent plutôt sous forme d'opérations premium de marques, d'albums embarqués dans des téléphones mobiles, des voitures, etc., c'est-à-dire dans le domaine du 360°. Jusqu'à présent, pour le commun des artistes, vivre de ses ventes numériques est une légende urbaine.

L'avènement de services comme YouTube, Facebook, Twitter, Deezer, Beatport, TuneCore a mis l'accent sur une concurrence à laquelle l'industrie du disque n'était pas préparée : des millions d'artistes potentiels, une dilution totale du marché au profit d'artistes à contenu gratuit qui n'ont pas besoin de labels pour exister, la disparition du monopole de la télévision et des radios pour imposer un choix au public, la baisse du prix du « ticket d'entrée » à la célébrité…

Beaucoup d'artistes indépendants se sont dit qu'ils pouvaient facilement s'affranchir des labels pour vivre de la musique et convertir leurs vues YouTube en ventes de disques ou de places de concert. De nombreux consommateurs se sont dit que la musique gratuite était la norme. Le modèle a complètement basculé à ce moment-là et est devenu de plus en plus dépendant du 360°, seule façon de monétiser sur du réseau social à ce jour.

Les réseaux sociaux étant vécus comme un service public par les consommateurs, il est très difficile d'en obtenir des revenus directs. Le taux d'engagement moyen d'un fan issu du réseau social est de 5 à 10 ‰, à cela, il ne faut pas oublier de prendre en compte la déperdition aléatoire. Les solutions de monétisation sont des 360° (placement de produits dans un clip diffusé sur YouTube, taguer une marque sur Twitter, etc.).

Vivre de la musique grâce aux ventes numériques et aux réseaux sociaux reste malheureusement inaccessible pour beaucoup.

Les droits d'auteur

D'un point de vue statistique, on peut considérer que les perceptions de droit d'auteur sont en hausse, mais ce n'est pas totalement vrai à mon sens. Dans les pays occidentaux, il y a beaucoup de perceptions mais la clé de répartition des revenus est de plus en plus critiquée. De plus, les marchés du futur, comme les BRICS (Brésil, Russie, Inde, Chine), l'Asie (sauf Japon), pays arabes, Turquie, pays de l'Est, ne considèrent pas le showbiz comme suffisamment crédible pour mettre en place une défense des droits d'auteurs vraiment ferme.

Beaucoup de mégamarchés (Inde, Chine, Asie du Sud-Est, etc.) ont un taux de piratage et une absence de droits d'auteur compensés par le sponsoring d'artistes ou d'événements par des marques aux budgets très importants. Ils ont développé aussi un modèle économique inconnu en Europe : l'artiste reçoit une somme d'argent lors de l'enregistrement du disque (sorte de forfait tout compris comprenant les royalties de ventes et droits d'auteur) et se créé ensuite un revenu important par des concerts facturés au prix fort, grâce à une grosse notoriété renforcée par les ventes d'albums et le piratage.

360°, marques et international

D'après mon expérience, et étant donné le contexte actuel et futur, la musique enregistrée, bien que restant incontournable pour révéler un artiste ou créer l'impact fondateur de sa notoriété, ne sera pas sa source principale de revenus mais plutôt la porte d'entrée vers une offre constituée d'objets, de licences, de liens vers des marques, de biens numériques, d'événements de type concert ou autres, beaucoup plus rentables et moins sujets à contrefaçon.

L'international est devenu aussi une part non négligeable dans la stratégie de maximisation de revenus, un artiste pouvant se révéler très rentable ailleurs que dans son pays d'origine. Les territoires se surveillant les uns les autres pour détecter les tendances, il peut être judicieux de présenter son artiste dans un pays ou une région où il se dégagera naturellement, aux yeux des marques, par ce quelque chose d'exotique ou de représentatif du pays d'où il vient. Le public aura quelquefois tendance à payer plus cher des artistes ou des objets venant d'ailleurs que venant de leur propre pays, grâce à la caution étrangère et internationale.

D'une certaine manière, qu'on le veuille ou non, les marques sont en train de devenir les nouvelles Majors car elles ont des budgets marketing généralement sans commune mesure avec ceux habituellement proposés dans la filière musicale. De plus, elles n'ont pas d'obligation immédiate de rentabilité quant à leur travail avec les artistes, l'essentiel étant de récupérer de nouveaux clients grâce à la musique ou à l'artiste.

Les marques, futurs poids lourds du show business, n'ont donc pas du tout les mêmes critères de sélection, la même logique, ni les mêmes objectifs que les labels ou Majors, et ouvrent de nouvelles perspectives d'expression aux artistes et de nouveaux revenus.

Le rôle majeur du manager, au-delà de gérer la carrière de ses artistes, est à mon sens de pousser ceux-ci à s'adapter à ce nouvel environnement hautement lié à l'image, à l'objetisation et à l'apparition publique. Le but est de générer de l'impact et de créer des liens avec les fans de différents pays. Une fois ce lien de confiance établi entre les fans et l'artiste vient l'étape de la monétisation, de la création et la déclinaison de l'univers de l'artiste en objets, en événements lui ressemblant.

Si l'artiste et son équipe de management comprennent correctement les nouvelles données du marché, gèrent bien l'image, l'univers, le *community management* et les relations avec les marques, l'artiste optimise ses chances de bien vivre de son art en se gardant la possibilité d'élargir son champ artistique. Tant que la communication avec les fans et les marques fonctionne, tout lui est encore permis ou presque !

Cyrille Totozafy, manager, consultant en marketing et promotion, So Pink ! Management

Focus sur le *brand content* musical

Le *brand content*, ou contenu de marque, n'est pas un phénomène récent mais il semble prendre de l'ampleur depuis quelques années, jusqu'au point de devenir un véritable phénomène de mode dans le milieu musical. On considère en effet que la musique, notamment enregistrée, se vend de moins en moins mais qu'elle est devenue un véritable produit d'appel pour certaines marques qui partagent le même cœur de cible : la fameuse génération Y (les 15-30 ans).

Mais s'agit-il d'une véritable solution pérenne pour la filière musicale et les artistes ?

Concept général : la musique comme vecteur de communication pour les marques

La notion de *brand content* désigne une opération de communication consistant, pour une marque, à utiliser ou créer un contenu (qu'il soit artistique, ludique, informatif ou pédagogique) afin de produire une inter-action avec le public. L'objectif est de lui faire vivre une expérience et de rendre ainsi une marque « intéressante avant d'être intéressée » pour renforcer sa singularité et sa crédibilité.

Même si l'on assiste à un fort développement des opérations de *brand content* depuis quelques années, des marques proposent des contenus à leurs consommateurs depuis plus d'un siècle : le *Guide Michelin* créé par la fameuse marque de pneus au début du XXᵉ siècle, les livres de recettes édités par la marque d'électroménager Seb dès les années 1960, la production de *soap operas*, feuilletons radiodiffusés puis télévisés, produits dans les années 1930 par des marques de savon et de lessive, les fondations de marques de luxe pour l'art contemporain (la Fondation Cartier, la Fondation Louis-Vuitton...). En France, la participation de Havas dans le label indépendant The:Hours en 2008 marque le début de cette tendance très anglo-saxonne.

Deux solutions co-existent dans les stratégies dites de *brand content* :

- le *branded content* qui correspond à un contenu codéveloppé par une marque et un éditeur de contenus (label, tourneur, artiste...) ;
- le *brand content* qui désigne un contenu conçu et financé par une marque qui assume dans ce cas le statut d'éditeur.

Nombre d'opérations mêlent ces deux dispositifs, le terme *brand content* englobe généralement ces deux modalités.

Des intérêts communs

Le développement croissant du *brand content* musical tient à une certaine complémentarité entre les problématiques de la filière musicale et celles d'autres secteurs économiques.

Du point de vue des professionnels de la musique, le *brand content* semble être une solution pour combattre une situation plus que diffi-cile depuis une dizaine d'années (crise du disque, baisse des subventions publiques pour la scène...). Ces opérations peuvent en effet permettre de développer de nouveaux réseaux, de nouvelles méthodes promotionnelles ainsi que d'autres sources de revenus. L'association entre David Guetta et la Renault Twizy a notamment permis à l'artiste et à sa maison de disques de se faire financer un clip qu'ils n'auraient pu assumer eux-mêmes (on parle d'un budget d'un million d'euros, soit le clip le plus cher de l'histoire en France).

Quant aux marques, notamment celles qui visent la génération Y, elles sont aujourd'hui confrontées aux nouvelles velléités du « consomm'acteur » qui souhaite passer d'un rôle passif à celui de prescripteur exigeant (partage d'informations et de conseils sur Internet…). Le marketing de masse, symbolisé par les campagnes publicitaires traditionnelles véhiculant un message unilatéral (TV, radio, affichage…), semble donc ne plus être adapté au fonctionnement et aux attentes de ce nouveau type de consommateurs. Le *brand content* symbolise la mutation progressive à un marketing ciblé, dit « expérientiel ».

Si les marques intègrent de plus en plus fréquemment le marketing musical à leurs stratégies de communication, c'est que la musique comporte des atouts communicationnels indéniables (Jacques Séguéla parle de « valeur auditive ajoutée » pour une marque) :

- la musique est un langage universel, elle est bien sûr marquée par des codes culturels mais n'a besoin d'aucun apprentissage particulier pour être vécue ou simplement écoutée. Elle touche potentiellement tout le monde, quels que soient la nationalité, le sexe, l'âge et la catégorie socio-professionnelle ;

- la musique est un vecteur intemporel permettant de toucher la « mémoire collective » des individus, la nostalgie ;

- la musique est un vecteur émotionnel puissant car, porteuse de rêves et de fantasmes, elle cible davantage l'affect que l'intellect ;

- la musique est un outil de segmentation extrêmement précis pour les marques qui sont quasiment certaines de sensibiliser leurs cibles en se rapprochant d'artistes ou de styles plébiscités par ces « tribus musicales », les publics étant en effet souvent bien distincts selon les styles de musique ;

- les rapprochements directs avec des artistes, appelés « endorsements », permettent à des marques de développer des associations d'image cohérentes et porteuses. Par exemple, quand HP a choisi la chanteuse Gwen Stefani, l'objectif était de rajeunir l'image de la marque.

Idem pour Coca-Cola light qui avait fait d'Olivia Ruiz son égérie il y a quelque temps pour l'adéquation avec son image de « légèreté », ou encore David Guetta avec la Renault Twizy pour son image « high-tech » et *french touch* ;

- l'habillage sonore aurait enfin un impact non négligeable sur la consommation dans les points de vente puisqu'il permettrait d'éviter le silence (source de stress et de réflexion...), d'augmenter le temps passé dans un commerce et, par conséquent, d'accroître les achats (Mood Media, le leader français du design sonore avec plus de 25 000 points de vente clients, avance même un impact moyen de 18 % sur les ventes).

Les dispositifs de *brand content* musical

Le *brand content* musical touchant plus particulièrement les musiques actuelles, les marques qui s'y investissent partagent le même cœur de cible : les jeunes (générations Y et Z). Dépassant largement les simples opérations de sponsoring et de synchronisation publicitaire, les modalités du *brand content* sont diverses et variées.

Les secteurs d'activité les plus porteurs

- Les nouvelles technologies : fournisseurs d'accès Internet (Orange, Free...), moteurs de recherche (Google...), réseaux sociaux (Facebook, Twitter...), opérateurs et fabricants de téléphonie mobile (SFR, Nokia...), informatique (Apple, HP...), jeux vidéo (Rocksmith, Guitar Hero...).
- Le textile, essentiellement le *streetwear* (The Kooples, Diesel..) et le *sportswear* (Puma, Oxbow...).
- Les banques (Crédit Mutuel, Caisse d'Épargne, Société Générale...) et assurances (Maïf...) qui souhaitent sensibiliser très tôt les jeunes.
- L'automobile (Renault, Ford...).
- Les transports en commun (RATP, Air France, SNCF...).
- L'alimentaire, essentiellement les sodas (Coca-Cola, Red Bull...) et la restauration rapide (Quick...).
- Les causes (festival Solidays, Orange RockCorps, Recycling Party...).

L'endorsement d'artistes

Il consiste en une association directe entre marques et artistes : Beyoncé et Pepsi (contrat à 38,5 M€, le plus grand de l'histoire dans la musique),

David Bowie et Louis Vuitton, Iggy Pop avec les Galeries Lafayette et le site Leboncoin.fr, Lenny Kravitz et Sushi Shop, David Guetta et la Renault Twizy, Amel Bent et Weight Watchers, Izia et Petit Bateau, Irma et Google Chrome... Certaines structures se sont spécialisées dans ces partenariats : Universal Music & Brands, BETC Music, My Love Affair, créée par Cathy Guetta et le publicitaire Raphaël Aflalo...

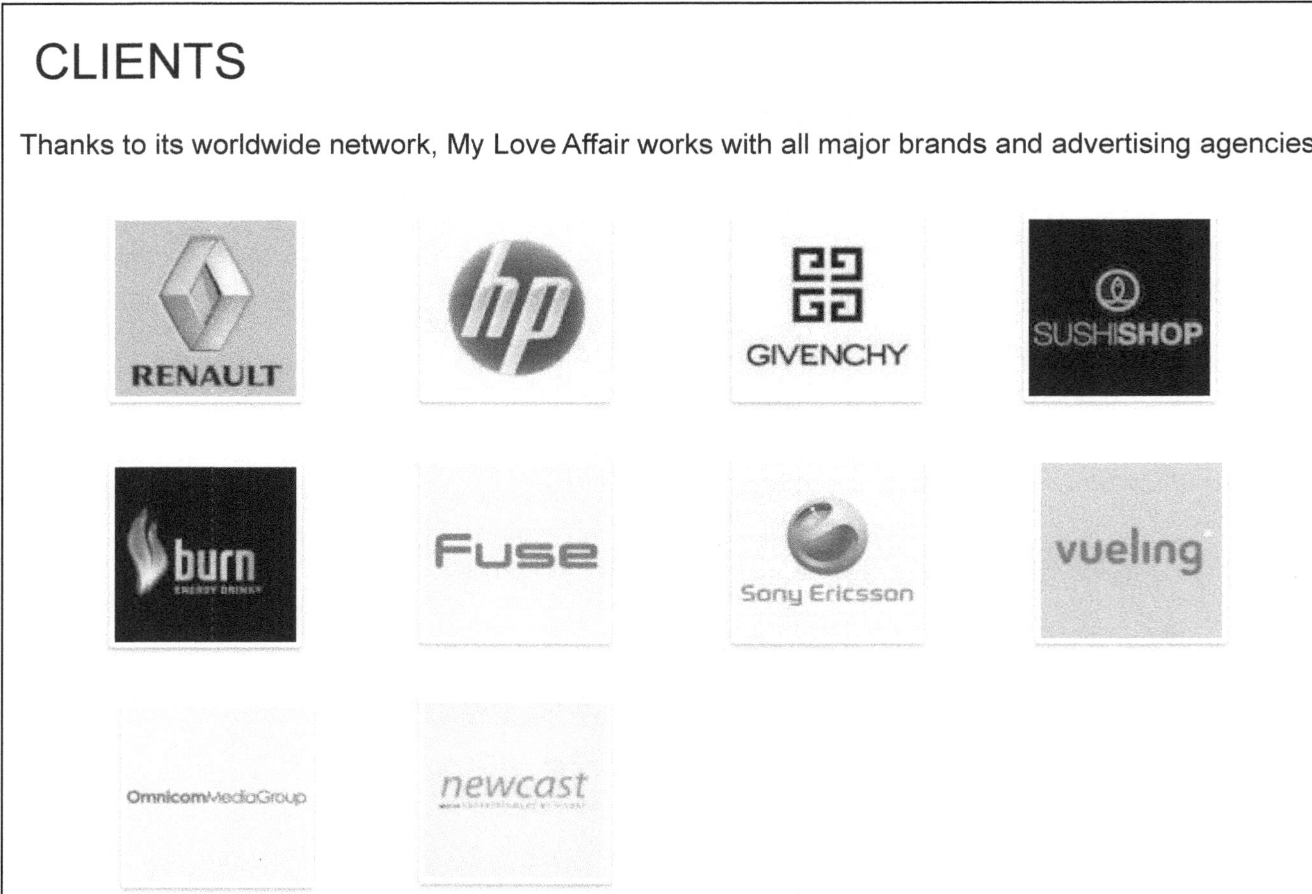

Marques clientes de My Love Affair.

Le placement de produit dans les clips

Il est autorisé et encadré en France par le CSA (Conseil supérieur de l'audiovisuel) depuis le 16 décembre 2010. Il faut notamment faire apparaître un pictogramme précisant la présence de placement de produits dans les clips en question et certains secteurs d'activité sont interdits (alcool, tabac, médicaments et armes à feu).

Même si ce n'est pas systématique, ce dispositif est souvent lié à l'endorsement d'artistes : Jennifer Lopez au volant d'une Fiat 500, Lady Gaga

Polaroïd à la main, les Black Eyed Peas arborant des montres Swatch, ou même plus simplement Ron « Bumblefoot » Thal des Guns N' Roses jouant sur les guitares Vigier...

My Love Affair a d'ailleurs développé une *marketplace* (voir figure ci-dessous), un site Internet spécifique destiné à faciliter les placements de produits dans les clips musicaux (http://myproductplacement. com/). L'agence précise, sondage à l'appui, que les marques présentes dans les clips atteignent un niveau de souvenir publicitaire de 29 à 35 % auprès des jeunes.

MYPRODUCTPLACEMENT

Le marché du placement de produit dans les clips musicaux s'est considérablement développé ces dix dernières années et a atteint un revenu global de plus de $22M en 2010.

Afin de faciliter la création d'opportunités de ce type, My Love Affair a créé **My Product Placement. My Product Placement** est la première plateforme web au monde qui réunit les marques et les artistes afin de développer des campagnes de placements de produits au sein de clips musicaux.

La plateforme s'adresse aux acteurs du monde de la musique (les artistes et leurs maisons de disque) et des marques (et leurs agences). Le concept est simple : les artistes et leurs représentants fournissent des informations sur les clips vidéos qui seront prochainement tournés. Ces informations comportent des détails sur le profil de l'artiste et de la vidéo en elle-même (brief, budget et thèmes évoqués). Une fois ces détails saisis, la base de données de **My Product Placement** regroupe alors l'ensemble des ces informations et classe chaque projet en leur attribuant des mots-clès. D'un autre côté, les marques ou leurs agences publicitaires peuvent effectuer des recherches précises en saisissant des mots-clès spécifiquement liés à leurs produits. Ils peuvent alors découvrir des projets correspondants à leurs critères, dans lesquels leurs produits pourront trouver une place et s'adresser à une audience forte.

Notre rôle est alors de réunir ces acteurs issus d'un monde différent afin de finaliser ces opportunités. En cliquant **ici,** vous pourrez accèder à certaines de nos précédentes réalisations en matière de placements de produits avec, par exemple, Renault/David Guetta – 'Where Them Girlz At' ou encore HP/ David Guetta – 'Without You'.

Visitez **My Product Placement:**

http://www.my-loveaffair.com/french/our-offer/my-product-placement

Présentation de My Product Placement.

Le *brand entertainment*

Il s'agit ici de communiquer par l'événementiel et notamment par les concerts. Le *brand entertainment* revêt deux formes principales : l'association à des événements existants et la création d'événements spécifiques par des marques.

Concernant l'association à des événements existants, les festivals (Puma et les Eurockéennes de Belfort, Oxbow et Garorock…), les tournées (M et SFR…) et autres soirées événementielles (Orange RockCorps…) sont les principaux vecteurs de l'association des marques à la musique. L'utilisation croissante de la technique du *naming* (intégration du nom du principal partenaire à celui de l'événement) est révélatrice de cette tendance, comme le festival du Printemps de Bourges dont l'intitulé exact a légèrement évolué depuis 2010 : « Le Printemps de Bourges Crédit Mutuel ». Des partenariats ont également été mis en place entre des marques et des producteurs de spectacles afin de leur réserver des places de concert avant leur mise en vente. Ces « ventes privées » sont destinées aux salariés et/ou clients d'une marque, comme la Caisse d'Épargne et SFR qui ont développé un partenariat avec Live Nation, l'un des plus grands producteurs de spectacles au monde (U2, Jay-Z, Madonna, Lady Gaga, Sting, Main Square Festival…). Les titulaires de la carte bancaire « So Music » de la Société Générale bénéficient également de cette possibilité pour certains concerts.

Mais les marques deviennent de plus en plus de véritables créateurs d'événements et s'offrent ainsi une légitimité différente qui confère à leur activité première une sorte de faire-valoir « crédible ». Ce choix de création prend la forme de festivals (Fnac Live, Festival TGV GéNéRiQ, Heineken Jammin' Festival en Italie…), de tournées (la tournée Ricard SA Live Music, la tournée Esprit musique de la Caisse d'Épargne…) ou de soirées événementielles (la nuit électro au Grand Palais organisée par SFR, les Adidas Rock Sessions à Roland-Garros, les Live Sessions de Ricard à la Flèche d'Or…).

Nous pouvons également citer les animations musicales en point de vente qui permettent de fidéliser et de conquérir de nouveaux publics en positionnant sur le plan artistique les valeurs d'une marque. Par exemple, le Noël Rock'N Mode des Galeries Lafayette (concerts en vitrine avec certains artistes de grande notoriété, comme Charlie Winston, Inna Modja, Brigitte…) permet à la marque de s'insérer sur un marché pour l'heure porteur, ou bien les *showcases* estivaux organisés sur certaines aires d'autoroutes gérées par Vinci... Un autre dispositif semble aussi très tendance auprès des marques : la création de tremplins d'artistes (les Jeunes Talents de la Caisse d'Épargne, le programme The Craft of Music de Levi's, le Prix Ricard Live Music, la Red Bull Music Academy...). Certains artistes désormais reconnus en sont issus, comme le groupe C2C (lauréat des Audi Talents Awards en 2007), Cascadeur (révélation des inRocKs Lab, désormais appelé « Sosh aime les inRocKs Lab », en 2008), ou Twin Twin (gagnant du Prix SFR Jeunes Talents Musique en 2010).

Le *co-branding*

Le *co-branding* consiste en la création de contenus entre deux ou plusieurs entités. Il peut s'agir de la création d'albums (*Wash Bar* par LG France et le DJ-producteur William Gueslin, la compilation *Best of Hits* du Crédit Mutuel et Sony Music, la compilation *Kenzo Parfums Songs* avec Roy Music...), de documentaires (Jay-Z et Absolut Vodka...), de vête-ments (la collection « Dream » de Rihanna et River Island...), de casques (Beats by Dr. Dre avec Monster...), de webradios (Culture C de Celio et Goom Radio...), de forfaits mobiles (Orange et Deezer...), d'applications pour smartphones (FitList, entre Reebok et Spotify...), etc.

La création de portails musicaux

Les marques se positionnent de plus en plus dans ce créneau : iTunes Music Store d'Apple, Esprit Musique de la Caisse d'Épargne, SFR Live Concerts... Le Crédit Mutuel a même franchi une nouvelle étape pour fêter ses dix ans d'investissement dans la musique en créant un réseau social purement musical nommé RiffX (www.riffx.fr).

À noter

La création de portails musicaux et celle de tremplins sont souvent liées et peuvent s'avérer être de nouveaux moyens de développement de carrière non négligeables pour les artistes. Certains jeunes talents découverts par SFR et la Caisse d'Épargne ont notam-ment l'opportunité de se produire dans le cadre de festivals (Solidays, les Eurockéennes de Belfort ou le Printemps de Bourges pour SFR) et de salles de concerts (la Caisse d'Épargne a développé un réseau d'une cinquantaine de salles partenaires en France).

Classique, baroque, jazz, rock, électro…la musique impose le choix de l'éclectisme et de la diversité. De par son histoire et sa culture mutualiste, la Caisse d'Epargne a inscrit l'ouverture et la proximité au cœur de ses valeurs.
Banque de tous les projets de vie, la Caisse d'Epargne a investi le territoire musical avec plusieurs partis pris : être la banque de toutes les musiques et de tous les publics mais en privilégiant deux dimensions, le « live » et l'accessibilité aux évènements en régions.

Elle a donc élaboré **Esprit Musique,** un vaste programme de sponsoring musical qui a pour vocation d'aider le développement de la musique live et d'offrir de nombreux privilèges à ses clients.

Ce programme repose sur 4 piliers.

Les Concerts Classiques Caisse d'Epargne
34 concerts co-produits sur tout le territoire pour faire connaître et découvrir les grands répertoires classiques.

Les Grands Live
L'opportunité de réserver ses places avant tout le monde pour les concerts des stars internationales les plus prisées.

Scènes en Régions
Un partenariat avec 53 salles de concert de musiques actuelles dans toute la France.
La Caisse d'Epargne propose des tarifs préférentiels à ses clients et accompagne les salles dans leur promotion.

Concours Jeunes Talents
Pour participer au renouvellement de la jeune scène musicale française, la Caisse d'Epargne avec l'expertise des directeurs des Scènes en Régions a créé son concours Jeunes Talents. Repérés par ces professionnels, ils bénéficient d'une 1ere partie de concert captée dans des conditions professionnelles, du titre de leur choix sur la compilation Jeunes Talents Esprit Musique et d'un soutien financier. Les meilleurs d'entre eux partent en tournée dans toute la France.

Le dispositif Esprit Musique de la Caisse d'Épargne.

La création de labels par des marques

Forme la plus poussée du *brand content* musical, ces labels permettent aux marques de concevoir elles-mêmes leurs contenus musicaux : Red Bull Records, Kitsuné, Diesel U Music Label, Zadig & Voltaire Music, The Kooples Records, Vox Terrae de Nature & Découvertes, Eurostar Records… Certains de ces labels collaborent même aujourd'hui avec des artistes de renom, comme Paul McCartney qui signe en 2007 avec le label Hear Music de Starbucks, l'un des précurseurs.

Les limites

Le *brand content* musical semble donc être un phénomène porteur dans les secteurs de la musique et de la communication. Il n'est cependant pas dénué de risques, notamment celui de cannibalisation de l'artiste par la ou les marques partenaires (voire l'inverse…).

Qualitativement, il est donc indispensable que les univers d'un artiste et d'une marque entrent en cohérence afin d'éviter le risque que l'artiste ne devienne l'objet d'une marque et qu'il se coupe de son public.

Quantitativement, il faut éviter de créer des artistes-sandwichs en les associant à trop de marques. C'est ce qui est notamment arrivé à Rihanna qui était liée à une douzaine de marques. L'overdose fut évitée de justesse en mettant fin à certains partenariats.

Du côté des marques, le *brand content* musical semble être plus difficile à manier pour les petites et moyennes entreprises (eu égard les budgets nécessaires) ainsi que pour certains secteurs d'activité moins « sexy » que d'autres (détergents, produits ménagers…).

Enfin, nous pouvons nous poser la question de la pérennité de ce concept qui n'est peut-être qu'un effet de mode dans lequel tout le monde tente de s'engouffrer. L'avenir et notamment les retours ou non sur investissements nous le diront…

Le *brand content*, une nouvelle approche en plein essor ?

Les annonceurs ne souhaitent plus seulement communiquer en diffusant un simple message produit, ils désirent des campagnes innovantes pour divertir leur public. Ils changent leur stratégie de communication en créant des expériences fortes auprès des consommateurs.

Le consommateur d'aujourd'hui est averti, exigeant et assailli de divers et nombreux messages publicitaires. Les marques doivent donc se différencier en parlant aux individus et non aux consommateurs, en parlant d'autres choses que de leurs produits. Pour réussir sa stratégie de *brand content*, la marque doit comprendre le consommateur, parler de ses centres d'intérêt, lui faire plaisir en lui offrant des contenus premium qui vont créer un lien émotionnel et une relation privilégiée avec la marque.

La marque doit être présente sur le long terme pour créer de l'attachement. Qui n'a pas été surpris de voir Cathy et David Guetta brancher la Renault Twizy électrique dans un spot issu d'un clip vidéo du titre *Alphabeat* produit par la marque ? Ce clip met en avant l'artiste ainsi que le véhicule dans un contexte futuriste, ce qui est surprenant pour une marque qui a toujours communiqué de façon traditionnelle. Pour ce lancement, Renault n'avait pas d'autre choix que celui de s'associer à des artistes puissants mondialement sur la cible « jeunes ». La version originale du clip a été vue par plus de six millions de personnes, une version interactive de ce même clip a également été développée. Cette expérience digitale sans précédent permet aux fans de créer leur propre version du clip vidéo, grâce à l'utilisation de Facebook Connect. Elle leur permet également de partager une partie du contenu créé sur leurs propres réseaux sociaux et de télécharger un pack numérique, incluant des *screenshots* de leur version personnalisée du clip. Ce partenariat est bénéfique à tous les acteurs de la chaîne : pour l'artiste, c'est la toute première fois qu'une marque finance entièrement la production d'un clip vidéo ; pour les fans, l'offre du clip vidéo et des contenus interactifs est innovante et inédite ; quant à la marque Renault, elle a créé une relation forte avec les fans de Cathy et David Guetta en se rapprochant de l'univers des jeunes et en rajeunissant sa marque...

Il me semble essentiel aujourd'hui de mettre les fans au cœur de la stratégie en activant les communautés via les réseaux sociaux (invitations à des événements, concerts privés, jeux concours...). Une opération entre une marque et un artiste doit prendre en compte les fans de l'artiste en créant des rapprochements cohérents et efficaces, à forte valeur ajoutée pour les fans. Ce clip vidéo inédit *Alphabeat* en est un très bon exemple.

Les marques, à travers le *brand content*, deviennent des médias à part entière. Les contenus de demain devront être de plus en plus affinitaires, récréatifs et accessibles sur tous les supports (ordinateurs, smartphones, tablettes...).

Raphaël Aflalo, CEO co-fondateur de My Love Affair

Conclusion

Vers une « destruction créatrice » ?

Le monde de la musique n'a fait que se développer depuis sa création. Aujourd'hui ce secteur devenu industrie tendrait-il vers un type
de « destruction créatrice » ? La disparition de la « consommation » de
la musique telle que nous l'avons toujours (ou plus ou moins) connue
donnerait-elle vie à une nouvelle forme de production, de création et de
diffusion plus actuelle ?

L'industrie de la musique nous montre aujourd'hui d'autres chemins,
des chemins transversaux, qui à l'orée de sa nouvelle histoire, nous
font presque percevoir un mieux, une possible évolution et qui sait,
une renaissance… Si l'industrie redevenait un art artisanal, plutôt qu'un
produit de consommation dit « générique » ? Si la culture musicale, pour
redevenir culture de masse appréciée et sollicitée, devait se nourrir à
nouveau de ses fondamentaux ?

Aujourd'hui, un panel incroyable de moyens est mis à disposition de tout à
chacun pour créer et développer simplement et professionnellement la
musique de demain. De la création à la diffusion transmédia, il n'y a qu'un pas…

À vous de jouer !

Une fois la lecture de cet ouvrage de synthèse de la filière musicale en
France terminée, vous maîtrisez le minimum d'outils théoriques néces-

saires à la poursuite d'un projet musical. Vous aurez bien entendu à développer, comme pour n'importe quelle aventure dans tout autre secteur, un réseau dédié (professionnels, public et fans, prescripteurs...) qui vous accompagnera tout au long de votre projet.

Il existe de multiples méthodologies de sensibilisation des différents partenaires professionnels. Parmi les plus répandues on trouve :

- le réseau ou « réseautage » qui demande de développer un carnet d'adresses, par le suivi, de l'échange, de l'ouverture et de l'écoute. Il ne faut surtout pas oublier la base sémiologique du réseau, qui est un ensemble de personnes qui agissent dans des buts communs ou croisés et qui ont des relations entre elles. Créer son réseau peut commencer par des actions très simples de type volontariat dans les festivals ou encore dans les diverses salles de musiques actuelles. Ce travail demande une certaine méthodologie basée sur une bonne gestion de son relationnel (le carnet d'adresses et ses ramifications possibles) et un certain savoir-faire dans la gestion de ses relances. Il est intéressant de noter que l'équivalent anglo-saxon du réseautage est le terme *networking*, basé sur l'utilisation d'Internet et des nouvelles technologies. À titre indicatif, rappelons-nous la fameuse « théorie du petit monde » de Stanley Milgram selon laquelle nous sommes tous reliés les uns aux autres avec un maximum de six degrés par intermédiaire ;

- la présence, ou « l'occupation du terrain » : aujourd'hui, un artiste en devenir doit exister à la fois dans le monde « réel » mais aussi dans le monde virtuel. L'existence par le réel passe par un certain nombre d'actions classiques comme le fait de se produire au maximum et de le faire savoir, et de ne pas hésiter à se déplacer sur les différents événements afin d'optimiser des rencontres avec des professionnels (salons comme le MaMA et le Midem, conférences et tables rondes, festivals comme le Printemps de Bourges Crédit Mutuel et les Rencontres Trans Musicales de Rennes...). L'existence « par le virtuel » passe, elle, par une présence accrue sur les réseaux sociaux, le but étant d'être repéré. Il s'agit d'un travail de longue haleine et de se préparer, selon l'expression consacrée, à « battre le pavé ».

Si bien sûr la cooptation (à savoir le parrainage) reste le mode opératoire le plus répandu, rien n'est jamais définitif et vous aurez, vous aussi, à convaincre un certain nombre de partenaires. N'oubliez jamais que l'allié majeur de votre parcours musical sera et demeurera le public.

Suivez bien les étapes, ne négligez aucune « basse besogne », le milieu de la musique n'est autre aujourd'hui qu'un secteur artisanal où il est indispensable d'en connaître les moindres étapes. Le parcours est long, semé d'embûches mais il est passionnant ! Il est en effet plus facile de se lancer dans une aventure musicale en y comprenant les codes, les tenants et les aboutissants. Nous espérons pour cela vous avoir apporté des réponses concrètes à la plupart de vos questions et interrogations.

Un dernier conseil et non des moindres : vivez et pratiquez votre musique avec passion et comme le disent les grands guitaristes : *Play harder ! Work harder !*